黑马唐 著

从零开始玩转
小红书

U0361442

机械工业出版社
CHINA MACHINE PRESS

截至 2021 年 2 月，小红书月活跃用户数达到 1.38 亿，女性用户占比高达 90.41%。其中，18~24 岁的用户最多，占比为 46.07%，25~34 岁的用户占比为 37.24%。可以说，小红书是一个用户非常精准的新流量平台，值得我们一起探寻更多的可能。

和其他短视频平台不同的是，小红书有图文笔记和视频笔记两种内容形式，对于新手更加友好，上手速度更快。本书系统阐述了小红书账号的完整运营体系，从小红书的发文规范、推荐逻辑、账号定位、封面设计、视频脚本写作、视频拍摄与剪辑、爆款笔记打造、账号变现等多个维度，教你从零开始打造小红书账号。

读完这本书，你可以快速上手小红书，成为这个新流量平台的优质创作者。

图书在版编目（CIP）数据

从零开始玩转小红书 / 黑马唐著 . — 北京：机械
工业出版社，2022.1
ISBN 978-7-111-55084-6

Ⅰ.①从… Ⅱ.①黑… Ⅲ.①网络营销 Ⅳ.①F713.365.2

中国版本图书馆CIP数据核字（2022）第022364号

机械工业出版社（北京市百万庄大街22号 邮政编码100037）
策划编辑：蔡欣欣　　　　　　责任编辑：蔡欣欣
责任校对：刘雅娜 张 力　　　责任印制：张 博
中教科（保定）印刷股份有限公司印刷

2022 年4月第1版第1次印刷
169mm×239mm · 15.25印张 · 182千字
标准书号：ISBN 978-7-111-55084-6
定价：69.00元

电话服务　　　　　　　　　　网络服务
客服电话：010-88361066　　机 工 官 网：www.cmpbook.com
　　　　　010-88379833　　机 工 官 博：weibo.com/cmp1952
　　　　　010-68326294　　金 书 网：www.golden-book.com
封底无防伪标均为盗版　机工教育服务网：www.cmpedu.com

前　言

你好，我是黑马唐。

我从 2018 年开始入局短视频，先后辅导了中国移动、海尔集团、樊登读书、喜马拉雅等 300 多家企业的短视频布局。身为广东省人社厅创新创业导师，我也在各大高校和创业组织中进行短视频培训。同时，我还不定期去广东、广西、云南等地进行关于短视频的扶贫宣讲。

在这个过程中，我发现了新媒体带来的红利，所以我更加坚定地去研究和探索各个新的平台，以找到更多的可能。于是，我发现了小红书。

作为一个新媒体平台，小红书不仅有着极为精准的用户人群，而且包含了图文和视频两种内容形式，在帮助新手快速入门的同时，也因其蕴含巨大的流量，使普通人也可以打造爆款笔记。在小红书上，90% 以上的活跃用户为 18~30 岁的女性群体，极高的用户精准度更容易带来成交转化。

如果你想系统了解小红书的运营方法，

如果你想利用闲暇时间增加收入，

如果你想分享自己的心得体会以帮助他人，

如果你想获得巨大流量成为网红达人，

这本书都能帮助你。

本书内容分为四章，分别讲解了小红书的平台属性、运营策略、爆款打造和变现方式，帮助你逐层递进，实现运营目标。书中通过理论知识、案例拆解、提问思考、要点总结等方式，让运营技巧变得通俗易懂，生动有趣，即使是零基础的小白也能快速上手，多抓住一个机会，就多一种成长的可能。你，准备好和我一起，进入小红书的世界了吗？

目 录

第二章
你可以这样开始

02

第三章
你的笔记可以成为爆款

03

第四章
你的账号可以这样变现

04

第一章

你可以做小红书

从零开始玩转小红书

第一节
为什么要选小红书

1. 小红书记录了年轻人的生活方式

小红书的用户通过分享自己生活中的亲身经历或消费体验，引发其他用户产生互动，从而推动更多人到线下去体验。这些人在体验完之后，会回到平台继续分享，影响更多的人，形成一个正循环。

第一次登录小红书的时候，你会看到图1-1所示的页面。它不仅揭示了小红书的内容生态，也对于我们找准定位、输出内容和获取流量有非常大的帮助。

这个页面是让我们选择感兴趣的内容，然后平台会根据我们的兴趣，生成专属于我们自己的、和别人的界面不一样的小红书。在图1-1中，可以看到各种各样的兴趣标签，可以根据自己的兴趣爱好来选择，然后你会发现，进入小红书后，你能看到的内容都是你感兴趣的、为你私人订制的内容。

在这里，你可以发现真实、向上、多元的世界，看到时尚的生活方式，认识有趣的创造者；在这里，你可以发现海量的美妆、穿搭教程，旅游攻略，美食、健身日常，还有更多的东西等你发现。正如小红书的广告语说的——来小红书，标记你的生活，一起分享和发现世界的精彩。

图 1-1

2. 小红书内容形式丰富

虽然从 2020 年开始，小红书开始大力扶持短视频和直播，但与抖音、快手不同的是，小红书的笔记形式依然以图文为主，这极大降低了新手用户的入驻门槛。我们可以先从相对简单的图文笔记入手，了解和熟悉平台，然后再慢慢转型为视频笔记。

所以，小红书对于新手用户来说很友善，不要求你一定用视频的方式去呈现，而且，由于平台的用户习惯于浏览图文笔记，一篇精彩的图文笔记，一样能成为流量巨大的爆款笔记，给你带来很多曝光机会和粉丝。

3. 小红书是去中心化的平台

什么是去中心化？简单理解就是平台并不是把所有流量都给了那些网红大 V，而是会给予每个用户自然流量的扶持，新手用户不用担心现在入驻小红书不能分到流量。

在 2020 年全年排名前 1000 的爆款笔记生产者中，超过 50% 是腰部的账号，有 25% 是初级达人账号，还有不少素人账号，可见，普通人不仅能获得流量扶持，还能比肩各种达人，甚至和头部达人站在同样的位置。

4. 小红书的变现能力强

2020 年小红书的商业笔记数量突破了 10 万篇，越来越多的品牌主会在平台投放商业笔记，同时，品牌方的投放预算增长迅速，2020 年小红书护肤、彩妆、个人护理类品牌投放预算保持领先，相比 2019 年，小红书整体品牌投放预算增长超过 42%。

对于现在正火热的直播，小红书也一样有不错的成绩。2021 年春节期间，带货直播的观看人数接近 600 万，商品平均单价在 100 元以上，高于市场平均水平。

很多人都说，小红书是一个"种草"平台。"种草"是一个网络用语，指的是分享推荐某种商品，激发他人购买欲望的行为；或者自己根据各种信息，对某种商品产生了体验或拥有的欲望。

这种"天生"的种草属性，培养了小红书用户比其他平台用户更强的消费欲望，从而也就增强了平台的变现能力。

5. 小红书的能量远比你想象的要强大

2013 年 6 月，小红书在上海成立；2019 年 7 月，小红书的用户数已经超过了 3 亿；截至 2021 年 2 月，小红书的月活跃用户数达到 1.38 亿，日活跃用户数超过 5500 万，与 2020 年 1 月相比，月活跃用户数增长超过了 70%，日活跃用户数翻倍。可以说这是一个惊人的成长速度，让人仿佛看到了 2018—2019 年爆发的抖音，未来的成长不可限量。

综上所述，小红书是一个新的流量风口，你不要错过。

第二节
小红书的用户都是哪些人

在小红书中，主要有两种用户：一种是输出者，他们在平台上发布笔记，获取流量，赚取收益，我们可以简单地称之为"达人"；一种是输入者，他们在平台上浏览笔记，获取自己想要的信息，丰富自己的生活，我们可以简单地称之为"粉丝"。

接下来，我们就一起来看看，达人和粉丝都是哪些人。了解达人的用户画像，可以帮助我们更加清楚"竞争对手"的实力，找准自己的定位和目标，抢占流量市场；了解粉丝的用户画像，可以帮助我们更好地进行输出，"投其所好"，才能让我们的流量源源不断。

1. 达人的用户画像

在小红书中，达人的活跃度不断上升，截至 2020 年 9 月，每周至少更新 4 次的达人突破 100000 人，同比增长 223%，并且每个月仍然在以 6%~9% 的增幅在平稳增加。截至 2020 年 10 月，直播达人突破 50000 人，每个月增幅达 20%。

在所有活跃达人中，初级达人数量最多，占比为 62.44%，其次是企业号，占比为 27.53%。在直播领域，初级达人的占比为 64.58%，腰部达人占比为 22.61%。在平均笔记互动量破万的达人中，初级达人和腰部达人加起来超过 75%。可以说，初级达人、腰部达人及企业号是小红书输出者的三大主力军。

前面我们提到了小红书 2020 年排名前 1000 的爆款笔记生产者中，有超过 50% 的腰部达人，有 25% 的初级达人，那么他们发的内容都有哪些呢？首先，占比最高的内容是减肥运动类内容，其次是美食教程、音乐、餐饮、彩妆、穿搭类内容。爆款笔记的背后，其实就是粉丝对内容需求的体现，所以如果我们不知道该做什么内容的时候，也可以选择一个爆款笔记的方向来做。

2. 粉丝的用户画像

我们先来说说活跃度。活跃度指的是活跃用户数在总用户数中的占比，比如，你的账号用户数为 10 万，每天的活跃用户数为 5 万，那么活跃度就是 5/10，结果用百分数表示，等于 50%。而在小红书中，用户活跃度在 90% 以上的账号占比为 6.65%，80%~90% 的占比为 4.89%，而 60%~80% 的占比高达 52.09%，也就是说，小红书用户活跃度 60% 以上的账号占比 63.63%，远高于市场平均值（用户活跃度市场平均值大概为 40%）。

也许你听说过小红书是以女性用户为主的平台，但你肯定想不到，在活跃的用户中，女性用户占比高达 90.41%，其中，18~24 岁的人最多，占比达 46.07%，25~34 岁占比为 37.24%。这些活跃的用户关注的焦点有彩妆、家居、正餐、甜点、护肤、音乐、穿搭、健身、个人护理、减肥运动、餐厅、摄影技巧等。还记得我们刚打开小红书的时候那张选择兴趣的图片吗？有没有发现活跃用户关注的焦点和兴趣选项之间的关系？不难发现，它们有多处是重合的。

在地域分布上，以广东、上海、北京为主，在浙江、江苏、四川、山东等地也有大量的活跃用户。

可以说，小红书有着众多处于一线城市的年轻女性用户，这些用户对生活质量有着更高的需求，同时，也有着与之相匹配的高消费力。她们活跃度高，黏性高，有着巨大的商业价值。

第三节
小红书的发文规范和审核逻辑

相信说到这里，你可能已经跃跃欲试了吧？那么问题来了，什么样的内容才符合小红书的要求呢？怎样才能通过平台的审核呢？

首先，我们知道，小红书是一个分享生活方式的平台，在形式上，不管是图文、视频还是直播，都是可以的。但是，在发布内容的时候，我们也要严格遵守平台的规则，维护平台的内容生态环境。

1. 符合当代社会主流价值观

遵守各项法律法规，传播正确的价值观，弘扬爱国主义，尊重公序良俗，倡导积极向上的生活方式等，都是小红书非常赞赏和推崇的。

相反，如果发布的内容违反了法律法规，将会受到平台严厉的惩罚。

2. 保护未成年人的合法权益

虽然平台的主流用户是 18 岁以上的一线城市女性，但不排除有不少未成年人用户，平台也专门设置了青少年模式，一旦出现不利于未成年人身心健康的内容，比如涉及未成年人暴力欺凌、披露未成年人个人隐私、包含未成年人不良行为和色情低俗等内容，平台都会给予非常严厉的惩罚。

3. 避免不合规的交易行为和导流行为

除了蒲公英平台（小红书优质创作者商业合作服务平台）的笔记合作和薯店（小红书为创作者提供的变现工具，即小红书的电商小店）内容以外，平台禁止出现售卖内容，也不鼓励大家发布代购、转卖、拼单等这类有营销性质的内容。

同时，不要出现发布网页链接、二维码、水印等导流到其他平台的行为，也要避免出现发布手机号、微信号、邮箱地址等留下个人联系方式的行为。

4. 避免不当行为和侵权行为

例如，辱骂、嘲讽、威胁、人身攻击、多次恶意@其他用户的行为，随地吐痰、破坏公共设施等不文明行为，让人产生不适的画面、图文不符等影响用户观看体验的内容，违背科学常理、编造公众人物谣言等带有欺骗性质的内容，都是小红书所不允许的。

一方面，如果出现了未经授权而发布他人信息、侵犯他人名誉权和隐私权的内容，会受到平台的处罚；另一方面，要时刻注意不要发布侵犯他人知识产权的内容，比如盗用他人的笔记、搬运他人的内容或者披露其他保密信息等行为一定要杜绝。

当然，如果你的笔记内容被抄袭或者盗用，也要果断地维护自己的权益，对抄袭者进行举报。举报的方法有以下三种：①如果要举报某篇笔记，可以点击右上角的"分享"按钮，在下拉菜单中选择"举报"；②如果要举报某个账号，可以点击账号主页右上角的三个点，在下拉菜单中选择"举报"；③如果要举报某条评论，可以长按该条评论，在弹出的菜单中选择"举报"即可。

以上就是小红书平台的内容规范。只要我们认真遵守，用心输出好的笔记，就能通过审核，得到平台的流量曝光。

第四节
小红书的推荐逻辑大揭秘：
什么样的内容更容易被推荐

了解了平台的发文规范，接下来我们来看看，什么样的内容更容易被推荐。在前面的内容中，我们可以找到这个问题的两个答案：首先，活跃用户关注的焦点，自然就是平台流量集中的地方，这不仅是用户的需求，也是平台的需求，所以活跃用户关注的焦点内容，也就更容易得到平台的推荐；其次，从 2020 年开始，平台大力扶持视频笔记内容，所以相对于图文笔记来说，视频笔记更容易被推荐。

那么，小红书的推荐系统具体是如何运作的？到底什么样的视频笔记更容易获得系统的推荐呢？

1. 推荐系统的运作

作为创作者，也许你在以前遇到过这样的问题：为什么我很用心制作的内容，播放量却非常不理想呢？这就需要我们了解平台是如何把内容推荐给用户观看的。

其实，不管是抖音、快手、小红书还是视频号，推荐系统的底层逻辑都是一样的，都是帮助用户在海量的内容中，挑选出他可能感兴趣的内容。可以把这个推荐系统看作是创作者和用户之间的内容筛选、分发和推荐的中央枢纽。

每天都有大量的创作者创作出海量的内容，这些内容只要符合平台的发文规范，就能进入小红书的内容库中。这个时候，我们一开始看到的兴趣选项就起到了重要的作用，平台会根据用户勾选的兴趣标签以及用户日常的浏览、消费等习惯，通过算法推测用户可能会喜欢看哪些内容，然后再进行推荐，相应的内容就会出现在用户的眼前。

那平台是如何推测用户的喜好的呢？假如你登录小红书的时候勾选了美食的兴趣标签，在浏览的过程中点开了一篇美食类的笔记；或者你在搜索框中搜索过"化妆"，找到了相关的化妆笔记等。这些行为都能让平台判断出你对于哪些内容是感兴趣的，就会把更多相应的笔记推荐给你。

那平台又是如何判断用户是否喜欢被推荐的内容呢？比如你刷到某些内容的时候，不仅点开来看，还点赞、评论、收藏；比如你看完笔记之后很喜欢某位博主，然后选择了关注他。这些行为能在一定程度上说明用户对于被推荐内容的喜好程度。

平台在开始推荐内容的时候，会根据以上提到的一些具体行为及对应的数据指标，小流量、小范围地开始初次推荐。如果你的内容在初次推荐时的数据表现良好，那么系统就会逐渐推荐给更多的用户。以此类推，越优质的内容就会得到越多次的推荐分发，被更多人看到，得到更多的流量曝光。

2. 系统推荐的逻辑

现在，我们了解了小红书的推荐系统，接下来我们看看什么样的内容能得到系统的推荐。

前面提到，推荐系统推荐内容的目的是帮用户挑选出他可能感兴趣的内容，那么我们在创作内容的时候，就需要站在用户的角度思考一下：如果我是用户，我想要看到什么样的内容呢？

首先，最重要的是内容的选题方向以及内容本身的质量，相关的方法和技巧会在第三章进行系统性的介绍。

其次，笔记内容的细节也是非常重要的，如封面、标题、标签、定位、官方话题等，都是能给我们带来流量的。

最后，一定要遵守平台的审核规范，一旦触碰了平台的红线，哪怕笔记做得再优质、花再多精力也是没用的。

第五节
小红书的账号类型

了解了平台的推荐逻辑，在注册账号之前，还需要了解小红书的账号类型，以帮助我们做出合适的选择。

初次登录小红书，点击个人主页的"设置"按钮，进入"账号与安全"，可以看到"身份认证"选项，点击后可以看到如图 1-2 所示的三个选项。

图 1-2

可以看到，这里有三种身份认证方式，分别是个人认证、机构认证及企业认证，这就意味着账号类型分别有个人号、机构号及企业号三种。那这三种账号类型有什么区别呢？

首先，我们看看个人号，也就是以个人身份入驻平台的账号。如果你是一个独立的创作者，没有机构或企业背景，想以个人身份在小红书里发布内容，就可以选择个人号。

个人号的申请很简单，只需要绑定手机号，然后提交真实姓名和身份证号即可。这里要注意的是，认证之后是不可以解绑的，而且身份信息和以后你申请开直播、提现等操作息息相关，所以不要随便找一个身份证绑定。

个人号也是平台中最主要的账号，我们之前提到的达人或粉丝，大部分都是个人号。

其次，我们看看机构号。机构号就是我们常说的 MCN 机构入驻时进行认证的账号。MCN，你可以简单理解为网红的经纪公司，他们签约各种个人号和自己的机构捆绑在一起，在帮助个人号获取更多广告或曝光资源的同时共享个人号的收益。

所以如果你是一家 MCN 机构的老板或负责人，可以考虑认证为机构号。认证的过程也很简单，只需要上传机构的头像、名称、简介，提交机构的营业执照及机构认证申请公函，同时，确认机构号的一名运营者，填写他的姓名、手机号和身份证号，即可申请认证为机构号。

在申请过程中，会看到在填写资料的页面上有《机构认证协议》和《小红书机构认证审核标准》，能帮助你更好地了解认证流程。

最后就是企业号。如果你有企业的背景，想以企业的身份入驻小红书，可以申请认证为企业号。企业号申请的过程和机构号类似，都是需要提交企业的资质证明、认证公函及运营者的身份信息，唯一的区别是企业号认证需要缴纳 600 元 / 年的认证审核费用。需要注意的是，如果企业认证失败，这 600 元的认证审核费用是不予退还的，所以在提交资料的时候，要看清楚小红书企业号资质认证审核标准及各种申请规范，以免认证失败。

那 600 元 / 年的费用能带来什么好处呢?

1. 蓝 V 标识

认证为企业号之后，平台会给账号加上蓝 V 标识，不仅在账号主页上会有显示，能提高账号的权威性，同时用户在搜索品牌名称的时候，会直接显示企业号账号，引导用户点击和关注。

2. 企业卡片

企业可以在账号主页添加卡片，添加联系方式和企业地址，一键即可拨打电话或定位导航，帮助用户快速咨询和到店消费，避免客户的流失，提高沟通效率。

值得注意的是，在前面的发文规范中提到，个人号留联系方式属于违规操作，可能造成账号内容无法通过审核，但这在企业号中是不被限制的，所以企业号引流是比较方便的。

3. 线下门店管理

企业号支持绑定相关的线下门店，不仅可以展示店铺增加曝光，而且如果你有多家门店，小红书还会按照用户的地理位置推荐最近的门店，方便用户出行。

同时，企业号可以申请POI功能。可以简单地把POI理解为小红书上的"大众点评"，除了可以展示门店的联系方式和地址外，还可以自定义其他信息，比如推荐菜式、人均消费等。当用户在门店周边发布带地理标签的笔记时，会直接聚合在该门店的POI页面，有助于商家免费推广引流。

4. 企业专属商业话题

企业号可以在个人主页中展示商业话题，引导粉丝更多地参与互动。

5. 包含营销功能

在发文规范中提到，除了蒲公英平台的笔记合作和薯店内容以外，笔记内容中出现售卖类的内容广告是不允许的，但这在企业号中是不做限制的，而且企业号有专属的商业功能和官方工具，比如营销模板、抽奖互动、投放品牌合作广告等，都是企业号的专属功能，个人号无法享受。

了解了小红书的三种账号类型之后，就可以根据自身的情况和需要进行选择了。

第六节
小红书上最受欢迎的内容

现在你注册完了账号，跃跃欲试地准备开始运营。这个时候，你会不会有这样一个疑问——我发的内容用户会不会喜欢看？

如果你有这样的想法，那么恭喜你，你已经具备了用户思维。有些人认为，我们做账号发内容，其实就是想发什么发什么，就像是写日记或发朋友圈一样。这样其实没有错，但是我们要先想一想，我们做小红书是为了什么。如果你想成为一个网红或带货变现达人，就需要足够的粉丝基础，而要有粉丝，首先要有流量，就是说，你的内容要有人看，而且看的人越多越好。

这其实就从另一个角度说明，我们不能任性地想发什么就发什么，而要在遵守平台的发文规范的同时，尽可能地"投用户所好"，发他们想看的内容，这样你的笔记才会得到足够的流量曝光，也才能实现你的目的。

所以，一个受欢迎的账号，一定是站在用户视角进行内容输出的。在符合发文规范的前提下，粉丝想看什么内容，我们就输出什么内容。我们知道了要"投用户所好"，那用户喜欢看什么呢？我们可以从两个方面去了解。

第一，在我们登录小红书时看到的"兴趣标签"页上有多个兴趣选项，如时尚穿搭、发型、护肤、明星、彩妆、游戏、文具手帐、动漫、美甲、手工 DIY、食谱、音乐等。这些选项，不是平台随意写的，而是通过大数据统计出来的一些用户比较感兴趣的标签，也就是说，这些标签其实就是用户喜欢看的内容。比如我们要做一个穿搭类的账号，那么可以在小红书的搜索框中输入"穿搭"，会看到图 1-3 所示的页面。

图 1-3

搜索的结果包含了"全部""商城""用户"三个页面。在"全部"页面中，可以看到最上方是"五一出街潮酷穿搭"，这是平台发布的官方话题，下方就是各种和穿搭相关的笔记内容，可以看到每个笔记的封面、标题、账号名称及点赞数。点赞数越高，笔记越受欢迎，我们就可以快速判断出穿搭类的内容中，用户更喜欢看什么样的笔记，就可以为我们要做的穿搭类账号提供参考。

在"全部"页面中，我们可以选择"最热"和"最新"两种笔记排序方式，快速了解这个话题下最热的笔记都有哪些，达人们最新发的笔记又有哪些。也可以选择"图文"或者"视频"来对笔记进行筛选，方便我们有针对性地进行参考。

在"商城"页面中，可以看到和穿搭相关的产品都有哪些，还可以根据"销量"或者"种草数"进行排序，以了解现在某些标签下什么产品卖得比较好，或者被达人种草的次数比较多。

在"用户"页面中，可以看到和搜索标签相关的所有账号的头像、名字、笔记数量及粉丝数。粉丝数就是一个最直观的能力体现，粉丝数越多，表示账号越受欢迎，也就可以作为我们参考的对象。

不难发现，在很多时候，我们都能看到笔记的封面以及账号的头像和名称，而这些也正是吸引我们眼球、促使我们点击的重要元素，也是我们接下来要重点学习的内容。

第二章

你可以这样开始

第一节
如何让用户记住我

在上一章中我们看到了，当我们搜索某些关键词的时候，会搜出来各种各样的笔记以及五花八门的账号，那我们该如何从众多的笔记和账号中脱颖而出，让用户记住我们、喜欢我们呢？

1. 什么是账号定位

不管是抖音、快手，还是小红书、视频号，在搭建一个账号之前，最关键的就是账号定位。千万不要小瞧了账号定位这个步骤，在变现时，好的定位可以让你的账号在只有数千粉丝的情况下就能收获源源不断的订单，而模糊的定位会让你纵使有几十万甚至上百万粉丝，也难以变现。

定位这个概念是由全球顶尖的营销专家特劳特提出来的，被称作"有史以来对美国营销影响最大的观念"。简单地说，成功的定位就是当用户想到某个产品或者内容的时候，第一时间想到的就是你。

比如你做的是穿搭账号，当用户想了解最新的穿搭技巧时，第一时间想到的是你的账号；比如你做的是美食账号，当用户想吃零食时，第一时间想到的是你的账号。你的账号占领了用户的心智，让他们在产生需求、要做出决策的时候最先想起你，这就是一个好的定位。

2. 如何做好账号定位

要做好账号定位，其实很简单，只要参考三个问题——"你是谁""你从哪来""要到哪里去"。在《西游记》里，每次唐僧要换取通关文牒的时候，都会被问到这三个问题，唐僧是如何回答的呢？他会说："贫僧唐三藏，从东土大唐而来，去往西天拜佛求经。"

这个回答不简单。首先，"贫僧唐三藏"，介绍了自己的名字唐三藏，是一名和尚。其次，"从东土大唐而来"，介绍了自己的背景和优势。最后，"去往西天拜佛求经"，介绍了自己的目标对象、要做的事情和要实现的价值。

你看，唐僧看似简单的一个回答，其实一点也不简单，一口气把名字、背景和优势、目标对象以及要实现的梦想都说清楚了。我们想账号定位的时候，也要尽可能地把这些方面都想清楚。

比如你想做一个美食类的账号，那该如何做好账号定位呢？

第一步，介绍你是谁。比如你是一个美食博主、一个美食爱好者、一个厨师或者一个餐厅老板，这可以让用户对你有一个直观的认知。

在这里要说明的是，在前面的内容中，我们了解了不同的账号类型，所以在这里我们也要想清楚，我们是以个人身份输出内容，还是以企业身份输出内容。

我们在前面讲到了从功能上看，企业号更有优势，但如果从用户心理上看，个人号其实有着更大的优势，为什么这么说呢？那是因为现在已经进入个人品牌时代，某种程度上个人的影响力正在慢慢超过企业的影响力。

举个简单的例子，比如你想买一辆车，对你的影响更大的，是各种酷炫的电视广告，还是好朋友的建议？毫无疑问，在做很多重大决策的时候，我们征询的往往是身边亲朋好友的建议，他们有什么推荐，走过什么弯路，对我们的帮助远远大于广告。

所以，相对来说，个人号和用户的距离更近，种草更容易，这也符合小红书的平台调性。当然，企业号的功能可以帮助我们实现很多营销行为，所以有必要的时候，可以通过个人号和企业号的矩阵来进行运营，我会在本节稍后讲解账号矩阵的玩法。

第二步，介绍你有什么背景或优势。比如你走遍世界品尝过各类美食、考取了厨师资格证、获得过某些美食大赛奖项或者有自己用心经营的餐厅，这可以让用户增强对你的内容的信任感，觉得你比别人更加专业。

每个平台都有大量的用户以及账号，出现相同类型甚至定位完全一样的账号是很正常的事情，我们可以区分自己的账号和同类型账号的区别，可是用户很难区分。这个时候，体现出自己的背景差异或者竞争优势，就能让用户更容易记得你或者选择你。

比如，同样是美食探店博主，许多博主经常种草各地的美食，但你不一样，你曾经为了一道美食坐了 10 个小时的绿皮火车或者飞越了大半个地球，或者你为了能写出更专业的点评，去考取了美食测评师的认证等，这些都能让用户看到你和别人的不一样。

第三步，确定你的目标用户是谁。比如你想吸引各种美食打卡爱好者，或者想学习做美食的居家型用户。然后针对这些用户再输出相应的内容，投其所好，才能获得更多的点赞和关注。

值得注意的是，前面我们提到，在小红书的活跃粉丝中，女性用户占比超过 90%，也就是说，如果我们的目标用户是男性，甚至是范围更小的某个男性群体，那么在小红书上获得的流量可能不会很多，所以我们在做账号定位的时候，也要考虑平台的用户画像。

除了性别以外，年龄、地域、状态等也是一些我们可以参考的要素。比如都是女性用户，但年龄在 18~24 岁的，和 25~34 岁的需求点可能就不太一样，前者可能对于美食、旅游、星座、友情比较敏感，而后者可能对于职场、爱情、亲情、创业、理财比较敏感。参考的要素越多，我们能得到的用户画像就会越精准，输出的内容也就更容易跟用户的需求相匹配。

第四步，指出你要实现什么价值。比如你输出简单好吃的美食教程、分享各种网红店的美食体验，能给到用户及时反馈和成就感，就能保持他们的活跃度和黏性。

这里提到的"及时反馈"和"成就感"是两个比较重要的概念，我们来好好了解一下。首先是及时反馈，及时反馈指的是用户的每个动作都能得到及时的响应，比如我们每次用手指往下滑就会播放下一个新的视频，这个新的视频就是给往下滑这个动作的及时反馈；一个视频的时长只有十几秒或者几分钟，也就是说，用户只需要花很短的时间，就能知道一个视频的结尾，这就是一种及时反馈，它能带给用户很畅快的体验感。

其次是成就感，如果你输出的是简单好吃的美食教程，用户看完了认为自己学会了，下次做饭就能派上用场，就能产生成就感；又或者你输出的是美食体验，哪怕用户不能马上吃到，但是你的内容很好，让用户身临其境、感同身受，这个时候用户也一样能产生一定的成就感。越能让用户产生这些感觉，就会让用户对你越能产生依赖，从而成为你忠实的粉丝。

一个账号定位能做到以上四步，就已经很好了，但如果你想要做得更好，这里给出一个加分项——你的账号可以怎样变现？

你还记不记得，我们在前面提到，如果一个账号有好的定位，哪怕只有数千粉丝也可以给我们带来源源不断的订单；而如果没有好的定位，哪怕有几十万甚至上百万粉丝也难以变现。这就需要我们去思考，我们的账号可以用什么样的方式进行变现。

比如，我们可以通过开直播，在直播中输出价值赚取打赏或者带货赚钱；比如，我们可以通过开通带货或者薯店的功能，卖货赚钱或者赚取商品的佣金。

这些变现方式我们会在最后一章里详细说明，在这里，我们需要做的是，想一下我们可以用什么样的方式去变现，这样的目标可以帮助我们更好地筛选话题和做出内容，不至于在账号运营的过程中由于各种原因而跑偏，以至于忘了我们要变现的目标。

3. 矩阵定位

我们前面提到了，现在是个人品牌时代，所以相对而言，个人号比企业号离用户更近，种草更容易，但个人号在引流能力上相对弱，所以我们可以通过搭建矩阵账号的方式，取长补短。

所谓账号矩阵，就是指我们不止有一个账号，而是有多个账号，形成一个相互配合的矩阵。第一种矩阵，就是个人号和企业号组成的矩阵，这样就能利用个人号的亲和力和企业号的营销力来互相配合。

既然是矩阵，账号和账号之间要通过一定的关系捆绑在一起，那如何让用户知道个人号和企业号是一个矩阵呢？其实很简单，首先，两个账号需要互相关注，在引流的过程中尽可能地清空你的关注列表，让用户只看到你想要引导他关注的账号。

举个例子，比如某位名人在小红书上有 400 万粉丝，关注列表是空的。如果这个时候，她的关注列表突然变成了1，我相信粉丝一定会点开看到底是谁能得到偶像的关注，然后跑到那个账号下面去发评论或者私信。

所以，关注列表其实是一个很好的引流位，可以让用户知道两个账号是有捆绑关系的。然后，在发布内容的时候多互相@，这样也能让用户觉察到两个账号之间的关系。

如果有公司背景，建议用这样的方式去配合运营，有助于我们实现营销目的。

当然，账号矩阵不仅可以用个人号和企业号进行搭配，也可以用很多个个人号或者很多个企业号进行搭配。那么搭配能获得什么好处呢？好处有三个。

好处一，多元。在这里，多元的意思是指我们仅仅运营单个账号的时候，其实很难呈现出丰富多彩的内容。举个例子，如果你是一个舞蹈老师，运营了一个很受欢迎的舞蹈教学账号，同时你还是一个美食爱好者，平时喜欢做各种各样简单好吃的美食教程视频，但是，你不能把关于美食的内容发在舞蹈教学号上，否则会造成定位和内容的混乱，账号粉丝不精准。

而解决这个问题最好的办法，就是再注册一个美食号，这样不仅能让更多人知道你，同时矩阵的关系捆绑也能打造你多才多艺的人设，呈现更丰富的内容。

好处二，放大。在这里，放大的意思是指我们在运营单个账号的时候，因为做好了账号定位，所以呈现的内容价值是有限的，这个时候，我们可以通过搭建多个账号来扩展内容的价值。

举个例子，如果你是一个数学老师，有一个积累了一定粉丝量的小学数学号，但你觉得你有精力输出更多的内容，就可以考虑再做一个初中数学号或高中数学号等，这样就可通过自身能力呈现更大的价值。

好处三，协同。在这里，协同的意思是指账号和账号之间彼此配合，通过互相关注、互相@、互相评论等方式产生连接，激发粉丝更多的互动欲望，实现粉丝价值的最大化。

举个例子，如果你之前已经有了一个账号，这个账号有不少粉丝，你在新开设的账号和老账号之间建立关联之后，借助老账号的流量和粉丝，新账号就能有比其他普通新号更快的成长速度。

4. 人物设定

在前面的内容中，我们提到，相比于企业号，个人号和用户的距离更近，而要想拉近这个距离，可以给你的账号加入人物设定。

什么是人物设定呢？人物设定就是通过在外在和内在等方面对博主进行合理的包装，以增加博主的魅力，得到更多人的喜欢和关注。当然，人物设定其实并非只要求真人，你还可以选择动物、动漫或者虚拟的形象进行人设的打造。

比如明星或者网红都是比较典型的真人形象的人物设定例子。比如"会说话的刘二豆"，就是以两只猫为主角，通过后期配音的方式实现一种拟人的效果，就是动物形象的人物设定例子。比如"一禅小和尚""初音未来"等，通过设计出来的平面或者三维的动画形象来输出内容和价值，就是动漫形象的人物设定例子。比如"暴走王大头""黑脸V"等，用头套或者用特效把自己的脸盖住，或者直接不拍摄头部，只出现声音和动作，就是虚拟形象的人物设定例子。

所以，如果你是一个不愿意露脸，或者由于某些原因不方便露脸的人，就可以尝试真人形象以外的其他几种人物设定方法，一样可以拉近和用户的距离。要知道，人物设定越完整，用户就会感觉越真实，而越真实，用户对你的印象就会越深刻。

举个简单的例子，说到"初音未来"，你会想到什么，超长的绿色双马尾、过膝袜、超短裙、很有魔力的声音，等等。你看，这就是人物设定的重要性，当她一次次以同样的形象出现在人们眼前的时候，留给人们的印象也就更深了。

那如何打造人物设定呢？给你一套可以直接套用的工具模型——人物设定四步法，分别是形象、个性、背景、三观。

形象指的是人物设定的外在呈现，用户可以直接通过视觉获取到的表面信息，比如长相、发型、妆容、穿的衣服、喜欢做的表情和动作等。刚才我们提到"初音未来"的时候，主要就是她的形象。再比如，如果我问你柯南和工藤新一有什么地方不一样，你可能会说柯南戴眼镜、还是个小学生、比较矮小等，这些也都是形象上的记忆点。所以形象很重要，好的形象能给用户好的第一印象，而有了好印象，用户才会愿意继续深入了解你。

个性指的是人物设定的内在表现，用户只能通过他的表情、动作和语言等内容才可以了解。比如你的文字里经常出现"哈哈哈哈哈"，用户会觉得你是一个乐观开朗的人；比如你经常在笔记里面讲笑话、开玩笑，用户会觉得你是一个古灵精怪、活泼可爱的人。这些都可以通过说话、旁白、字幕、标题甚至是背景音乐来呈现。

背景指的是人物设定的背景信息，这些背景信息可以给予人物设定更多的信息补充，强化博主的背书。我们在讨论账号定位的时候，其实也谈过背景相关的问题，其实两者差不多，唯一的区别在于，有些账号是没有人物设定的，这时候背景可能就是公司或者机构的运营情况，又或者是与之相关的一些历史事件。而这里的背景，主要是为人物设定服务的，让用户有更深入的了解，产生更多的信任和依赖。

三观指的是人物设定在内容输出的过程中所呈现出来的世界观、人生观、价值观。这一点其实很重要，人就是因为有相同的三观才会聚集在一起。比如我们在本书的一开头就讲了，小红书是一个新的流量风口，这就是我的一个观点，而如果你认同，你才会看下去，也才会着手运营自己的小红书账号。

接下来，我们来套用这个人物设定工具模型来打造一个"美妆博主"——

形象：22岁，大眼睛，高鼻梁，脸上有一些雀斑；要么化妆，要么头上套丝袜；

个性：下楼倒个垃圾都要化妆的"精致女孩"；

背景：家里有各种品牌的化妆品，对于国内外大小品牌如数家珍。

你看，这下子是不是让这个美妆博主的形象更加立体和真实了呢？我们在打造自己人物设定的时候，可以多加入一些细节，比如刚才的"雀斑"，其实就是暗示博主自己比较在意，所以出门都会通过化妆的方式进行掩饰，因为不想让别人看到有雀斑的自己，就算只是下楼倒垃圾，也要化妆。这样就能让每个元素串联起来，增强了人物设定的真实感。

那在打造人物设定的过程中，需要注意什么呢？

首先，快速关联标签。我们知道，小红书对于兴趣标签是很重视的，所以我们做账号的时候，要第一时间把人物设定和兴趣标签结合起来。比如我们刚才提到的美妆博主，就是把人物设定和美妆标签相结合，这样对于平台的推荐以及用户的认知都有很大的帮助。

其次，尽量保持真实。我们在打造人物设定的时候，要记住，不要过分夸大自己的能力，或者不要设定得和现实中的区别太大，否则如果到后面你需要做直播，甚至到了线下和粉丝见面的时候，是比较容易"崩塌"的。

举个例子，之前有位朋友打造了霸道女总裁的人设，特别受欢迎，做了好多爆款视频。但在现实生活中，其实她是一个很内向的、不善于表达自己的人。于是在一次直播中，可能是因为比较累，表现出了原本内向的性格，一下子粉丝们就不买账了，觉得自己一直追捧的霸道女总裁居然是假的，一夜之间流失了很多粉丝，作品的播放量也下降了很多。所以，如果你没办法保证你的表现能时时刻刻符合人物设定，就尽量按照真实的自己来打造，以免出现人设崩塌。

再次，人物设定确定之后不要轻易变化。人物设定一旦确定之后，就不要轻易改变，在前面的内容中我们提到，小红书的门槛比较低，我们可以先用图文笔记慢慢适应平台，然后再逐渐转型为视频笔记，内容的形式是可以根据账号的发展进行迭代的，但人物设定自始至终都应该是稳定的、清晰的，这样才能从一开始就打造记忆点。

同时，在我们策划选题、输出笔记、直播或者回复粉丝的时候，都需要把人物设定考虑进去，这个选题适不适合、这样写笔记可不可以、直播的时候卖这个商品行不行、和粉丝互动的时候这样回复符不符合人物设定等，包括以后可能账号做起来了，你的账号交给其他人辅助运营的时候，也更需要注意这些细节，要让粉丝觉得你是他们喜欢的人、一直和他们在一起。

最后，在这里，我再给你一个人物设定的秘密武器，它可以让你的账号更容易被记住和传播，那就是仪式感。仪式感指的是在输出内容的时候反复输出某些固定的信息，起到完善人物设定和增强用户记忆的作用。

比如我在录视频的时候，开头喜欢说："黑马同行，功不唐捐，你好，我是黑马唐。"这就是通过固定的开头来营造仪式感。

比如李佳琦在直播的时候很喜欢说"买它"，这些就是通过固定的口头禅来营造仪式感。

比如"安吉丽娜柱子"经常拿着手机，演绎打电话的过程中说错话的尴尬场景，这是通过固定的动作来营造仪式感。

你看，仪式感可以是任何的信息内容，一个小小的细节，在每个视频里你都运用到，就会强化用户的记忆，甚至运营一段时间后你会发现，如果某天你忘了加仪式感，用户会在评论区里追问你为什么没有了，这就是仪式感的魅力，看似微不足道，却能四两拨千斤。

5. 模仿参考账号

账号定位和人物设定可以说是理论性的内容，有些读者可能还是会有一些不知所措，没关系，我们可以从模仿参考账号开始，慢慢找到做账号的感觉。模仿是一种很好的学习方法。

那么问题来了，我们如何才能快速找到可以参考的账号呢？我们要用到兴趣标签，在找账号之前，你要确认，你想做的账号是哪个领域的，是美妆类的还是美食类的，或者是其他方面的？比如你要做的是美食号，那么兴趣标签就是"美食"。

第一步，我们把"美食"输入小红书的搜索框中，可以得到如图 2-1 所示的结果，默认的选项是"全部"，也就是跟美食标签相关的笔记作品都汇总在这里。我们可以根据需要进行"最新"或者"最热"的排序，也可以选择"视频"或者"图文"对所有内容进行筛选。

比如我们点击"最热"，可以看到所有笔记作品按照热度进行排序，如图 2-2 所示。值得说明的是，热度不仅仅是用点赞或者收藏的某一个指标高低来简单排序，而是把近段时间内点赞、收藏、评论等指标都综合起来进行排序，所以我们看到的排在第一位的笔记的点赞量并不比排在第二位的高。虽然表面上看起来没那么直观，但其实这样的排序更加有效，对我们找到参考账号很有帮助。

图 2-1

图 2-2

　　第二步，浏览多个笔记内容，看看哪些内容比较符合你的心理预期，是你想要做出来的笔记的样子。比如你想做一个真人出镜的美食探店号，那么只要找到小红书里的各种美食探店号，一一比对就可以找到自己想要做的笔记的样子了。

　　第三步，学习参考账号的相关信息。看到自己喜欢的笔记后，点击左上角的头像，就可以进入这个账号的个人主页了，一般情况下，在主页中就能找到和账号定位以及人物设定相关的一些描述，以此为参考，加工完善即可。

如果你喜欢的笔记创作者根本找不到账号定位和人物设定，你可以多花一点继续在其他的笔记中寻找，总能找到一个合适的。而且你应该很庆幸，这些爆款笔记的作者还没注意到的问题，你都已经注意到并且学会处理了，那么距离你做出爆款笔记的时刻还远吗？

除此之外，在搜索出来的结果中，我们也可以直接选择"用户"这一栏，可以看到所有和"美食"相关的账号。如图 2-3 所示，在这里，你可以简单地把账号的粉丝量当作参考指标，粉丝越多，就越值得你学习。而且在很多粉丝量很高的账号中，你不仅可以发现完善的账号定位和人物设定，同时也能看到他们不断迭代新的内容形式来满足粉丝的需求。

图 2-3

第二节
如何打造你的账号主页

很多用户都有这样一个习惯性动作，就是在看到自己喜欢的笔记之后，第一时间会点击头像进入账号的主页。而这个看似简单的动作，却说明了一件很重要的事——账号的主页很重要。

你想，用户进到我们的账号主页是为了什么？是因为他看到了我们的笔记，很喜欢，对我们产生了兴趣，于是想通过主页了解一下我们的其他信息，同时看看是否有更多值得他看的笔记内容，这个时候，账号主页就变成了"路转粉"的重要中转站，所以值得我们倍加重视。

那该如何打造账号主页呢？我们先来看看账号主页都由哪些部分构成。如图 2-4 所示，可以看到，账号主页包含了账号头像、账号名字、小红书号、背景图、所在城市、账号等级、账号简介、关注列表、笔记内容、收藏内容和赞过内容等十几个部分构成，每个部分都有它存在的意义，而我们要做的，就是优化每一个细节。

1. 账号头像

很多人都会忽视头像的重要性，会随便上传一张自拍，但你别忘了，在用户搜索笔记、浏览笔记的时候，是不是都能看到账号头像，是不是都会通过点击头像进入账号主页呢？我们常说，细节决定成败，更何况是像头像这样这么重要的细节。

那么什么样的头像才能算是一个好的头像呢？我总结了"三不要三要"法则。

图 2-4

第一个"不要"：不要上传模糊不清的头像。正常情况下，上传的原图都是很清晰的。但如果通过微信传输头像的时候没有选择原图，有可能被系统压缩得不清楚。或者你之前已经上传到某个平台的头像，虽然看起来很清晰，但实际上已经被平台压缩过了，这个时候你再把头像下载下来就是模糊的。模糊不清的头像不仅会让用户的体验不好，而且还可能被平台评判为低质量账号，所以我们要注意。

第二个"不要"：不要用风景图做头像。我们在前面的内容中学习了人物设定，为的就是和用户拉近距离，而在进行人物设定的过程中，让用户对你有第一印象的就是人物形象，而头像就是体现人物形象的一个很好的元素。可能你会问，那如果我是一个风光摄影师，我用自己的风景作品当头像可以吗？我认为，再美的风景，放在那么小的头像里面其实也看不清楚其中的细节；建议把头像改成一张能体现你是摄影师的个人形象照，比如拿着单反认真取景的照片，然后再通过笔记的形式分享你各种得意之作，这样岂不是一举两得吗？

第三个"不要"：不要用一群人的合照做头像。有些企业或者团队很喜欢用合照来作为头像，以体现团队和谐、团结友爱，初衷是好的，但首先，我们在之前的内容中提到过，企业号相对于个人号而言，和用户之间存在比较明显的距离感，所以这个时候，企业号选择用个人的形象做头像更能拉近与用户的距离；其次，团队文化虽然对于团队来说有特殊的意义，但是对于用户而言却没有特殊意义，如果很想突出团队文化，可以通过某一条笔记作品来呈现，一个头像能体现出来的还不够；最后，如果你做的就是个人号，但是通过头像来传达你有一群可爱的同事，也是同样的道理，要想清楚这些对于用户而言的意义。当然，如果你的人物设定本身就是一家人或者几个闺蜜，笔记中也是反反复复会出现这些人物，那么就可以用一群人的合照来做头像。

第一个"要"：要能看出职业属性。和形象相关的元素，都是我们进行人物设定的重要部分，所以如果可以通过头像来完善我们的职业信息，那就更好了。就像前面风光摄影师的例子，你可以用一张拿着单反的照片做头像，这样用户就会觉得你的账号和摄影有关，让用户自己产生这样的关联对打造人物设定非常有用。或者你是一个美妆博主，可以用一张有精致妆容、拿着口红的自拍做头像。又或者你是一个美食达人，可以用一张你和美食的亲密合影来做头像等。总之，想办法找到一些和你工作有关的元素，然后融合到头像中。

第二个"要"：要能体现账号价值。有的时候我们没办法通过一些包含职业元素的工作照来做头像，或者放了用户也看不出来，这个时候，我们可以采用文字型的头像，比如你做的是一个穿搭号，头像就可以是"美衣推荐"或者"穿搭手册"几个字，这样用户一看就懂了，然后我们再通过笔记内容呈现我们的人物设定即可。

第三个"要"：要符合账号整体的风格。我们在进行账号定位和人物设定的时候，不仅确定了内容方向，其实也确定了我们该以什么样的个性风格去呈现。比如我们是搞笑型的美妆博主，那么我们的头像可以稍微夸张一点、滑稽一点；比如我们做的是一个读书分享账号，那么我们的头像可以知性一点、柔美一点。当然，也有一些人故意用打破人物设定的形象做头像来博取眼球，这也是一个办法，但前提是用户对你有一定的了解，在他们心中已经有了一个你的形象，这个时候你再去打破，用户才会好奇，否则是没什么用的。

2. 账号名字

在讲账号名字之前，先讲个和名字有关的故事。有一次，我认识的在娱乐圈做经纪人的朋友分享了一些给明星起艺名的小技巧，其中有一个技巧是让粉丝念出他们偶像的名字的时候，会不自觉地微笑起来。比如当你标准地念出某些名字的时候，你会发现最后你的嘴角是微微上扬的，嘴巴呈现的是微笑的状态，而这个表情也能反馈给大脑，让你产生一定的快乐情绪。

听这个故事的时候，我被震撼到了，原来他们在细节的把控上已经十分到位，这足以看出一个名字的重要性。一个好的名字能带来的好处是很多的。

好处一：可以降低沟通的心理成本。假设你参加了一个酒会，发现很多人都不认识，或者有点面熟却叫不出名字，这个时候如果你看见了一个你认识的能叫出名字的人，我相信你会第一时间过去跟他打招呼。用户和我们之前是存在一定的距离感的，所以我们才通过那么多方法和细节的把控，来逐渐地拉近彼此的距离。

好处二：可以降低传播成本。好的名字不仅可以拉近用户和我们之间的距离感，还可以降低传播成本。为什么这么说呢？举个例子，有个用户很喜欢你的内容，他就会推荐给身边的亲朋好友，比如你账号名字就叫"穿搭干货"，其他人可以快速地判断是哪些字，不需要过多的解释，这就叫"传播成本低"；如果你的名字很复杂，比如叫"穿搭龘龘"，那他只能直接分享账号名片，因为这个名字很难解释，甚至有人不知道该怎么发音，这就叫"传播成本高"。顺便说一下，"龘龘"这两个字都念"达"。

好处三：自带流量。第一，我们知道，用户会通过搜索自己感兴趣的关键词来找到笔记或者账号，这个时候，如果我们的账号名字中本身就包含其中一些关键词，自然就会很容易被用户搜到，从而让我们的账号得到更多曝光的机会；第二，用户在浏览笔记的过程中，如果发现了喜欢的笔记，甚至还喜欢这个笔记作者的名字，比如用户很喜欢这条穿搭的笔记，而你的账号名字刚好叫"穿搭干货"，用户点进主页的概率就会大大提升，自然也就增加了你的账号的流量。

好处四：可以快速锁定目标用户。把账号定位做好了之后，我们要面向的用户就是确定了的，而这些一定只是一部分用户。还是以我们刚才提到的"穿搭干货"这个名字为例，穿搭是我们的账号定位，那么我们的目标用户就是那些对穿搭感兴趣的人，而我们要做的就是集中精力做好穿搭的内容。反过来，这些渴望通过小红书学习穿搭技巧的人，也会因为账号的名字而关注我们。

说了那么多好名字能带来的好处，那什么样的名字才算是一个好的名字呢？这里给出六个参考标准：

标准一：好记。

小红书上有那么多账号，你能马上想起哪个名字？或者你看完之后马上能记住的账号名字是哪个？能让人快速记住，是好名字的一个特点。测试名字是否好记的方法很简单，你可以找一下身边的朋友，跟他说一个账号名字，第二天你再去问一下他，看他能不能想起来你的账号名字，如果你问了十个人，有七八个人想不起来，那我建议你可以换一个更好记的名字。

标准二：好传播。

刚才我们提到，用一些生僻字去做名字看似有创意，但是却增加了用户的传播成本，如果用户不会读我们的账号名字，自然也就失去了分享给更多人的欲望。

标准三：好搜索。

有些人起名字很喜欢用谐音，比如"衣衣不舍"是一个跟服装相关的账号，表示对衣服的喜爱。但用户在用拼音输入法的时候需要选字，增加了操作成本。要知道，好的服务是不断地降低用户的心理成本和操作成本，而如果提高了这些成本，用户的流失率自然也就会上升了。

标准四：有品类。

例如，"馨儿"是一个很好的名字，但"馨儿爱穿搭""馨儿美食探店"会更好，因为其中包含了产品的品类或者内容的领域，用户看一眼就知道这个账号是做什么的，这样可以快速锁定目标用户，提高用户关注的欲望。

标准五：唯一性。

我建议尽量使用一个别人没用过的名字，方便我们构建用户的认知。比如小红书里已经有一个账号叫"馨儿爱穿搭"了，你就去想一个新的名字，如果用一样的名字，一来比较难以直观地体现你和别人有什么不一样，二来也增加了用户的筛选成本。

标准六：统一性。

很多人不会只做一个平台，会把内容进行多平台分发，这当然是一个不错的选择，只是要了解每个平台的调性，进行相应的优化和改善。而这个时候，尽可能在每个平台都用同样的账号名字，为什么呢？因为用户对于不同的平台是有不同的需求和依赖性的，比如有些用户平时大部分时间都在看小红书，偶尔会去看看抖音、快手，当他在其他平台看到你的视频的时候，也会回到小红书去搜索你的名字，这个时候，如果你的名字都是统一的，用户一搜就能找到。

这里给出六个起名字的公式，帮助你快速想出好的账号名字。

公式一：意见领袖型＝人物名字＋关键词。

意见领袖就是我们常说的 KOL，指的是那些拥有更多、更准确产品信息，被相关的目标用户接受和信任，同时对这些用户的购买行为有比较大的影响力的人。如果我们在某个领域积累了一些经验，有自己的见解，就可以使用这个公式。

比如"馨儿爱穿搭""阿飞聊电影""小白理财"等都是比较典型的意见领袖型的名字，这样的名字不仅能让用户看一眼就知道账号的内容是什么，而且也突出了人物设定的名字，强化了个人品牌，从而有助于逐渐占领这个标签领域的市场空间。

公式二：学习陪伴型＝人物名字＋教你／带你／陪你学＋技能。

学习陪伴型和意见领袖型最大的差别在于包含了陪伴用户的过程，在这个过程中，用户甚至也可以是一个小白，从零开始去学习，然后把学到的分享给更多的人，在这个过程中，互相陪伴，共同成长。要知道，以教为学，是一种很高效的学习成长方式。

比如"大白陪你学英语""跟小熊学画画""阿干教你变魔术"等都是比较典型的学习陪伴型的名字，这样的名字突出了某项技能，也能快速筛选出目标用户。

公式三：特定职业型＝职业名称＋人物名字。

在账号名字中加入某个职业的名称，可以快速增强目标用户的信任感，结合你输出的和职业相关的内容笔记，就可以增加用户关注你的可能性。

比如"设计师阿爽""牙医小美""开咖啡店的潘潘"等都是比较典型的特定职业型的名字，因为职业名称能给予用户一定的期待感，而当你的笔记内容刚好可以满足他们的期待时，离关注也就不远了。再者，如果你的笔记内容和你的职业并不相关，甚至有比较大的反差，还能给用户带来惊喜感，从而使账号更受欢迎。罗翔老师就是一个典型的案例，他是一位法律学教授，会通过很多好玩的段子来讲解法律知识，这就和我们印象中一板一眼、铁面无私的法律学者的形象形成了反差，因此收获了很多人的喜爱。

公式四：特定人群型＝群体名称＋人物名字。

和特定职业不一样的是，特定人群是某一种身份人群的聚集，形成的一个圈子。因为大家身份相同，有着更多的共同话题，更容易产生共鸣，从而达到增加关注的效果。

比如"孕妈小美""职场新人小方"等都是比较典型的特定人群型名字，这样的名字，可以快速吸引相同身份的人或者对此类身份有兴趣的人的关注，他们渴望得到一些问题的解决方法。

公式五：清单集锦型＝品类名称＋清单名称。

这类账号主要通过收集各种品类的信息，经过筛选得出一些排名或者集锦，方便用户做出判断。

比如"美国大片集锦""职场必读书单""种草严选"等都是比较典型的清单集锦型的名字，小红书是一个笔记型的内容平台，清单集锦类型的内容相对抖音、快手等平台来说，更容易获得用户的喜爱。但要注意对于内容版权的保护，比如你使用了某些原创作品，记得注明原作者和出处等，保护他人版权的同时，也是在保护我们自己。

公式六：地方特色型＝地名＋人物名字。

在讲账号定位的时候，说到我们要去构想变现方式，假如我们是一家线下的餐饮店，那么变现的方式就会受到地域范围的影响，想要获得其他地方用户的关注并成交，难度会很大。在这种情况下，我们可以用地方特色型名字来直接筛选出目标用户，提高成交率。

比如"南京小吃货""龙脊梯田阿景""丽江小透明"等都是比较典型的地方特色型名字，用户看到名字就会产生一定的位置认知，这样对于内容的期待就不会产生太大的认知落差，比如"南京小吃货"，如果只是介绍南京的各种小吃，其他地方的都不介绍，用户也不会觉得有什么问题，而如果你以南京为中心慢慢扩大你的探店范围，就会带给用户惊喜。

3. 小红书号

在账号名字的下方，有一个小红书号，系统默认是一串数字。通过搜索小红书号，也可以快速找到某个具体的账号。如果你的小红书号比较好记，那么可以先不改，如果不好记，你就可以把它改成一个更好记的字符串。

要注意的是，小红书号只可以修改一次，一旦修改完成，以后就都不能改了，所以要想清楚改成什么。平台要求小红书号包含 6~15 个字符，只可以使用英文字母、数字和下划线，其中英文字母是必须包含的。

人物名字的全拼，或者首字母缩写加生日，都是常见的选择。比如我叫黑马唐，可以改成"heimatang"或者"hmt0503"。

在这里可以给你提供一个思路，如果这个小红书号和我们的微信号是一样的，是不是就方便别人找到并添加我们的微信号了呢？更多引流的技巧我们会在最后一章详细展开来讲，现在先不用着急，我们一步步来。

4. 背景图

如图 2-5 所示，在我们账号首页的上部，有一个可以上传背景图的区域。背景图这个功能之前是只有特定账号或者企业号才能自定义的，普通账号不能修改，可见这是一个很重要的位置，但依旧还有很多人会忽视。

图 2-5

为什么说背景图很重要呢？有四个原因：

第一，可以体现账号价值。

相比于我们的账号头像，背景图有更大的展示区域，对于我们强调账号价值有很大的帮助。我们可以专门设计一张背景图，强调账号价值。如图2-6所示，可以看到这是一个辅助生育的账号，背景图左边有一句话："帮你成为幸福甜妈"，与账号名字呼应，右边是人物设定的账号形象，一个妈妈抱着一个宝宝，强调了和生育相关的账号价值。

图2-6

第二，可以强化人物设定。

别忘了，用户刚进入我们的账号主页时，对我们的人设并不是那么熟悉，因为只是通过之前的笔记和头像，并不能达到足够了解的程度，所以这个时候，我们就可以利用背景图片，来强化人物设定。如图 2-7 所示，这是一位主持人，头像是一张躺在草地上的艺术照，为了进一步体现她的职业，她自定义了一张做主持人的时候的定妆照作为背景图，这样用户对于她的职业形象就会有更加深刻的了解。

第三，可以进行更新预告。

当我们的账号需要做直播或者做一些活动的时候，背景图的优势就体现出来了，我们可以设计一张更新预告的海报放在头图，就像图 2-8 这样，李佳琦的直播间每天晚上 7 点 30 分都会有直播，粉丝一进来就能看到，增加了直播间的人气。

图 2-7

图 2-8

第四，可以进行引流。

如图 2-9 所示，这是一种很巧妙的引流方法，玩过微博的人都知道，这张背景图是微博的个人主页图，用意很简单，就是告诉用户他还有一个微博账号，而且这个微博账号有 17 万粉丝，这样就增强了用户的信任感，也更愿意去微博看一下他的账号，从而实现引流这个目的。当然，在前面讲到审核机制的时候我们提到过，站外引流，也就是把用户引导到其他平台，是一个敏感操作，要慎用。

图 2-9

背景图是可以自定义的，在没有自定义之前，系统默认为一个有渐变效果的色块，如果你想进行自定义，就可以进行修改。

修改背景图的方法有两种：第一种，点击账号名字旁边没有文字的部分，会弹出更换背景图的提示；第二种，点击"编辑资料"按钮，可以看到这样一个页面，如图 2-10 所示，然后找到"背景图"，即可上传。

值得注意的是，小红书的背景图尺寸为 5∶4，尺寸不符合的话在上传的过程中就会被系统自动进行切割处理。上传成功之后，图片的整体色调会变暗，边缘也会被自动虚化，同时在下拉的过程中，图片会产生放大效果，所以我们在进行背景图设计的时候，要注意图片尺寸以及核心内容的呈现，避免出现重点内容被账号的头像、名字或者其他文字信息挡住的情况。

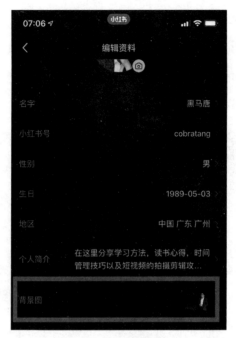

图 2-10

5. 所在城市

在编辑资料的时候，我们可以填写自己所在的城市，并且选择"展示地区"，这样城市名就会显示在我们的账号主页上。很多时候，网络带给我们的是一种虚拟感，而城市名可以帮助我们打破这层虚拟感回到现实，也许你会发现原来自己一直很喜欢的某个博主居然和自己在同一个城市，说不定哪天还可以偶遇，甚至也许你还可以和他成为现实生活中的朋友。这种感觉能极大地拉近和粉丝用户之间的距离，所以建议把自己的所在城市信息填写上去。

6. 账号等级

小红书有明确的账号等级之分，如图 2-11 所示，点击账号主页上的等级图标，就能看到这样一个等级页面，这里有你目前的账号等级，比如我目前的账号等级是泡泡薯。

图 2-11

那要怎样才能升级呢？点击等级图标，就能看到升级的任务详情，比如我要升级为甜筒薯，就要做到累计发布 12 篇笔记，并且每篇笔记均获得 10 个收藏或者 50 个赞，同时要求其中的 3 篇是参加话题活动的视频笔记。

等级越高，能获得的平台特权也会越多，账号的权重自然也会越高。

在这里我们顺便聊一下账号权重。所谓账号权重，简单理解就是账号相对于平台而言的重要程度，权重越高，平台就会越重视，而你的笔记能不能被更多人看到，取决于平台进行的推荐分配。而且小红书的账号权重相对于其他平台而言，更加透明，账号不仅需要完成一定的笔记发布任务，同时还要获得相应数量的点赞或者收藏，这也就意味着创作者还要想方设法地让自己的内容被足够多用户的喜欢，从而实现账号内容质量的正循环，提高了小红书整个平台的内容质量。

7. 账号简介

账号简介在头像的正下方，是账号主页中很重要的一个组成部分。在前面我们提到，用户看到了我们的某一条笔记内容，觉得很好，于是对我们的账号其他的内容也产生了期待，希望能看到更多更好的内容。这个时候，他就会通过点击头像，进入我们的账号主页，而能直观了解到我们账号价值以及补充信息的地方，就是账号简介。

但是头像、名字、背景图能呈现的内容毕竟是有限的，如果没有一个好的简介帮助用户了解我们，用户只能通过点开我们以往的笔记作品来进行了解，但这个动作的操作成本是非常大的。

这是"操作成本"这个词在本书出现的第二次，还会在后面的内容中多次出现，因为这是一个很重要的概念，我们所进行的一切细节调整或者内容输出，其实都是在减少用户的操作成本。

为了让你更好地了解操作成本，我来举个简单的例子。有些"狡猾"的公司，会把饮水机放在离工位很远的地方，这样很多员工就会因为离饮水机太远了而少喝水，可能一天也就一两杯水的摄入量，甚至忙的时候连一杯水都喝不上。又比如有一些公司，配备了专属鼓励师，除了在员工倦息的时候给员工加油打气以外，还会随时随地为员工准备好一杯温水，上面还插着吸管，员工甚至连头都不需要动就能喝到水，这样的话别说 8 杯水，10 杯水都能喝完。

可见，目标能否达成，操作成本在很多时候起到了很大的作用。如果用户想要更多地了解我们，只能通过点击笔记内容一个个看的话，操作成本就太高了，要知道，用户付出了那么多操作成本之后，如果得到的东西能满足他们的期待还好，如果满足不了期待，那么也许你就永远失去这个用户了。所以，我们要做的就是想方设法地帮助用户减少操作成本，让他们可以更加简单、快捷地获得他们想要的东西，让他们可以通过一句简单的账号简介，就了解到很多他们想要的信息。

小红书的账号简介可以填入 100 个字符，别看只有 100 个字符，它的威力可大着呢，所以千万不要忽视账号简介的重要性，更要避免出现以下三种情况：

第一种：简介留空。简介的重要性我们强调过了，所以千万不要出现留空的情况，没有呈现出关键的内容价值。

第二种：出现无关紧要的内容。不要在简介上写一些和账号定位或者人物设定毫无关系的内容，这样用户看到了也是一头雾水。

第三种：没有自己的特色。尽量避免在简介里写一些对谁都可以说的话，这样无法体现你的账号优势，让用户感觉你的账号和其他账号没有多大区别，也就失去了让用户关注你的理由。

综上，什么样的账号简介才能算得上是好的账号简介呢？这里我给出"二有二好二能"的六个参考标准：

"二有"：有价值、有优势。

在做账号定位的时候，账号的价值就是我们需要思考的重要内容。的确，我们可以通过发布的笔记内容呈现我们具体的账号价值，但现在更重要的是，如何让刚进来看到我们账号主页的用户快速了解我们的账号会输出什么内容，他们看完之后能收获什么。

比如你做的是个人成长类账号，可以写"分享成长感悟"；比如你做的是英语教学账号，可以写"各种英语学习技巧"等。用户看一眼就能知道你的账号是做什么的，也就更容易判断这个账号是不是满足了他之前看了笔记内容而产生的期待。

当然，仅仅有价值是不够的，因为有可能很多账号的价值跟你的是一样的，这个时候，为了突出重围，我们需要展示自己的优势和特色。比如你之所以分享成长感悟，是因为你一个人去国外读的大学，或者你在大学期间就自主创业，这里面包含了方向的选择和人生的起落，每种经历也许都能带给别人一些参考和启发，那这就是你和别人不同的地方。

比如你之所以想在小红书分享各种英语的学习技巧，是因为你在外企工作了好几年，你更了解商务英语快速提高的方法以及商务英语在实际工作应用中的注意事项，这些就是你相对于其他英语教学号的独特优势。

当然，优势并非要求我们必须是某个领域里顶尖的人物，或者有很多年的经验积累，我想强调的是，找到我们和其他人不一样的地方，然后将其呈现出来，其实就是优势，就是用户选择我们的理由。

"二好"：好简洁、好理解。

简介的字面意思就是简洁明了的介绍，你千万不要以为平台限制在100个字符之内，你就要把这100个字符都塞满，不是这样的，对于用户来说，每增加一个字，也就增加了他的操作成本。所以我们要做的，是能少一个字，就少一个字。

比如有个新媒体教学的账号，博主从一开始的微信公众号，到头条

号、抖音号，再到现在的小红书，在新媒体这个行业已经摸爬滚打了 10
年，这个时候，他只是用"新媒体 10 年老兵"一句话进行概括就可以了，
简单明了，同时也把自身的优势和价值体现了出来。做新媒体的人很多，
但能坚持做 10 年的少之又少，而拥有这么多年的从业经验，也就意味着
他会有很多理解和感悟可以分享给粉丝用户。

而在简洁的同时也要记得，让用户看得懂、好理解才是关键。要知
道，隔行如隔山，在你的认知范围内很简单的内容，也许是别人根本没听
说过的，理解起来也会有难度。

这就要提到一个概念叫"知识的诅咒"，它的意思是，当一个人知道
一件事后，他就无法想象自己是不知道这件事的。这里的"知识"不仅仅
是所谓的知识理论，还包括其他的各种信息。

我们所知道的，不一定是别人也知道的，我们要做的是想办法让用户
都能理解我们的意思，尤其是某些专业领域的知识。有些人喜欢用难懂的
专业名词甚至是英文词汇来体现自己的专业，但其实没什么用，因为懂的
人自然不用看，而看的人大部分都不懂。

所以，我们在介绍自己的账号价值时也是一样，先思考一下用户是否
能理解，甚至可以问一问身边不同领域的亲朋好友的建议，再进行修改和
完善。同理，我们在接下来输出笔记内容的时候也一样。要时刻谨记，我
们的内容是为了用户而服务的，他们看懂了、学会了、有收获了才是我们
的目的。

"二能"：能预告、能引流。

用户进入我们账号主页的时候，内心已经对内容产生了些许的期待，
期待越大，用户对我们也就越有依赖性，成为我们的粉丝的可能性也就越
大。那如何提升用户的期待感呢？一个简单的方法就是进行节目预告。

为什么我们追剧的时候很容易停不下来？那是因为在每一集的末尾，编剧往往会设置悬念，让你对接下来的内容产生好奇，想要快点知道剧情，而这就是我们说的期待感。

要知道，对于用户而言，他们只能看到我们现有的笔记内容，作为一个新账号运营者的我们，也许自己都没有产出多少条笔记，很难满足用户对于内容的需求，而且他们也不知道我们是否还会继续更新。所以这个时候，如果我们在简介中预告接下来的内容，用户就会更愿意"追更"。

在前面我们讲到背景图的时候，细心的读者朋友应该还记得，李佳琦就是通过预告来营造用户对账号的期待感。我们也可以做同类型的预告，比如"每周三、周六更新笔记""每周五晚上 8 点直播""每天分享职场干货"等都是可以的，这样就算我们现有的笔记不多，也能让用户产生一定的期待感。

现在，用户对我们有了期待，也就会想从我们身上挖掘到更多的价值，更希望能和我们产生连接。这个时候，他们会很期待看到我们的联系方式，所以在简介中进行引流也是一个不错的选择。

比如我们在聊账号名字的时候，建议全网用同一个名字，这样用户就会在他所喜欢的平台搜索我们的账号，所以你可以在简介中说明"全网通名"，他们就懂了。当然，我们再次强调，把用户引流到其他平台属于小红书的敏感操作，一经发现是会被平台处罚的，账号权重也会受到影响，所以我们在引流的时候不能明确地指出是什么平台。我们在最后一章，会详细地讲解小红书的更多安全有效的引流方法。

8. 关注列表

在账号矩阵的内容中，我们提到，关注列表是一个很重要的广告位，对于账号和账号之间的引流能起到很大的作用，因为有的粉丝很希望更多地了解我们，于是他们除了会点开我们的笔记内容以外，也会点开我们的关注列表，看看我们都关注了哪些账号。而如果粉丝达到了一定的体量，点击进入关注列表的可能性就能大大增加，当关注列表里面的账号是我们希望粉丝去打开并关注的账号的时候，就起到了引流的作用。

所以我们不要盲目地关注账号，这样有两个好处，一是关注列表很简洁，引导的准确性和成功率就会更高，二是关注过多，会影响账号的兴趣标签，从而影响平台给我们的内容推送。要知道，平台给我们推送的内容是有很大的作用的，我们会在下一章中详细讲到。

同时，当粉丝量和粉丝活跃度达到一定程度之后，我们还可以选择和其他账号合作，互相关注互相引流，当然，前提是双方的粉丝画像是差不多的，账号定位和内容方向是不一样的，这样就可以极大地发挥粉丝的价值。

9. 笔记内容

也许你现在还没开始运营你的小红书账号，笔记内容的部分是一片空白，但是没关系，我们可以提前了解。

可以看到，在笔记内容的部分，占比最大的就是笔记的封面和标题。标题和具体笔记的内容我们会在后面详细讲解，现在，我们先来关注这个部分的呈现方式。

如图 2-12 所示，笔记的呈现方式有两种，一种是像左图一样，封面没有对齐的，另一种是像右图一样，封面是整整齐齐的。你更喜欢哪一种呢？站在用户的视角，整齐的封面呈现的视觉效果会更好。

那如何避免出现左图那样封面不对称的情况呢？注意两个细节，一是封面尺寸，我们在制作笔记封面或者视频内容的时候，需要统一使用一个尺寸，这样不管内容怎么变，封面图的大小都是一样的。平台的标准尺寸是 3 : 4，如果你没找到更合适的封面尺寸，可以按照这个比例来；二是标题长度，小红书的标题最多为 20 个字符，如果 10 个字符以内，标题呈现为一行，11~20 个字符，标题呈现为两行。所以如果我们想要完美地对齐所有笔记，除了封面的尺寸要保持一致以外，标题的行数也要保持一致，这样就可以做出右图那样整齐的封面了。

图 2-12

除了注意对齐以外，做笔记封面还有哪些注意事项呢？这里再给出三个参考标准：

第一，符合账号的整体风格。我们在设置账号头像和头图的时候，都是围绕着账号定位以及人物设定在考虑，笔记封面也是一样，需要考虑和账号的整体风格保持一致。如图 2-13 所示，可以看到这是一个情感类账号，封面的整体色调是红色，同时搭配一些结合不同场景的情侣漫画，完全符合账号的风格定位。

第二，直观体现内容主题。说白了，就是在封面上加上文字标题，用最简单的语言告诉用户，这篇笔记要说的是什么。这样可以降低用户的操作成本，帮助用户提高效率，快速找到自己想要看的笔记。在前面，我们通过头像、名字和简介等内容已经成功地让用户产生了好奇和期待，那么接下来，用户的视线就会下移到笔记内容的部分，这个时候，除非他们对我们已经非常喜欢，不然他们不会把笔记一个个点开来看，更多的是挑选一些自己感兴趣的来看，满足自己的一个即时需求。这个时候，封面上的内容主题就可以让他们快速做出判断，哪些笔记是他们更想看的。图 2-13 就是一个很好的例子。

还有一个小细节我们可以参考，就是用户在看我们的笔记封面的时候，往往不是点开去看的，而是直接在列表中看，这个时候的封面只有不到屏幕的四分之一大小，所以我们在做封面的时候，要记得保持简约的风格，不要为了画面的丰富就把封面上塞满密密麻麻的图案或者其他不必要的背景信息，突出主题，使用清晰好辨认的字体样式，合理安排字体大小，这样用户直接能看清所有信息。

第三，内容场景容易识别。有些账号定位和人物设定有比较强的场景感，如果我们可以通过封面来呈现这种场景感，也能提高用户对我们笔记内容的预期。如图 2-14 所示，与拍照技巧相关的账号，场景感就特别重要，用户一看就能判断出那是不是自己想学习的拍照场景，自然也就能根据自己的需求点开来看。同样，美食探店号中各种餐厅的环境或者餐桌的特色，也都可以通过封面呈现出来。

图 2-13　　　　　　　　　　　　　图 2-14

10. 收藏内容和赞过内容

在小红书中，你收藏过的笔记和点赞过的笔记，都会被收录在你的账号主页中，不仅方便你在需要时找出来看，同时其他用户也可以通过你的主页看到你收藏过和点赞过的笔记，有助于用户更好地了解你。如果你不希望别人看到你收藏的内容,可以进行隐私设置。设置方法如图 2–15 所示,点击账号主页中"编辑资料"右边的"设置"按钮,或者点开左上角的三条横线,在菜单页中选择左下角的"设置"按钮,就可以进入设置页面。在设置页面中找到"隐私设置",点开之后可以找到"收藏隐私设置",只需要设置为"不公开"即可。

图 2–15

小红书还提供了更加精细化的设置,如果我们只想公开其中的部分内容,可以在收藏内容中创建专辑,比如你可以设置两个专辑,一个是"公开专辑",一个是"隐藏专辑",然后把笔记内容归类到相应的专辑中。在收藏隐私设置的时候，选择"公开"，然后勾选可以公开的专辑即可，这样你收藏的那些不想让用户知道的内容就不会被公开了。

也许有人会说，需要这么复杂吗？直接都不公开不就好了吗？的确，全部不公开看起来一劳永逸，没那么多烦琐的设置步骤，但却因此失去了一个重要的广告位。和关注列表的道理一样，收藏内容和赞过内容也是绝佳的广告位。你想一下，如果用户足够喜欢和信任你，他就会对你收藏或者点赞的笔记很好奇，这个时候如果我们有目的地点赞或者收藏某些笔记，就能把粉丝引导过去，提高相应笔记的曝光量，从而给其他账号带去更多的流量和价值。

所以，我们也需要保持收藏内容和点赞内容的清爽和整洁，不要一下子对太多的视频点赞或者收藏，有目的性地去引导就可以了。而且就算是我们还没有什么粉丝，无法实现有效的引流，优质的收藏内容也一样可以让用户更好地了解我们的喜好，发现我们的价值。

第三节
用5分钟快速做好笔记封面

小红书的图文笔记，一次最多只能发布9张图片，所以我们在整理图片素材的时候，只要筛选出不超过9张图片就可以了。

在默认的情况下，我们上传的第一张图片就是图文笔记的封面。如果你想要比较省事，可以直接选择一张你喜欢的产品图做封面就可以了，但如果你想要获得更好的效果，自己制作一个封面是更好的选择。因为笔记的封面对于账号来说是很重要的，不仅能给用户留下很好的第一印象，而且还能吸引他点击进来，帮助我们获取更多的流量。

1. 手把手带你设计封面

可能你会说，我也知道自己设计封面图效果更好，可是完全不懂设计该怎么办呢？别着急，其实现在的手机 App 功能都很强大，设计一张封面图没有你想的那么难，我们现在就通过一个案例来演示一下如何设计出一张封面，小白也能轻松上手。

如图 2-16 所示，这是一张我之前设计的封面图，里面包含了背景、字幕、贴纸、抠图四个元素，可以说汇集了大多数封面图制作需要的元素，是不是会觉得有点难？那么接下来，请拿出手机跟着我一起操作吧，一会儿你就会知道，你和封面设计高手之间，可能只差了一个 App。

图 2-16

市面上有很多做图的 App，其实功能都大同小异，我们就以"美图秀秀"这款 App 为例来讲解。

第一步，在手机的应用商店里搜索"美图秀秀"，下载下来。

第二步，在百度搜索"背景素材"，可以找到很多背景图片，我们还可以根据自己的喜好加入"简约""纯色""动漫"等关键词进行搜索，筛选出自己喜欢的图片作为素材，保存在手机中。

第三步，打开"美图秀秀"，点击右下角的"我"，如图 2-17 所示，可以看到右上角有个"设置"，点击设置进入设置页面，可以看到"我的个人水印"（见图 2-18 ）。

图 2-17   图 2-18

点击选择"不使用水印"即可。这样，我们制作的图片就没有水印了。由于其他平台的水印可能会让我们的笔记无法审核通过，因此不管我们使用什么软件去制作笔记素材，都要记得去除水印，在默认的情况下，软件都是自动开启水印的，所以我们要注意。

　　第四步，在设置页面，点击"通用"，可以看到"图片画质"，点击选择最高清的选项即可，如图 2-19 所示。这一步可以保证我们制作出来的内容是足够清晰的。

　　第五步，回到"美图秀秀"首页，选择"图片美化"按钮，在手机相册中找到第二步中保存好的素材图，选中它，然后点击进入图片美化，如图 2-20 所示。

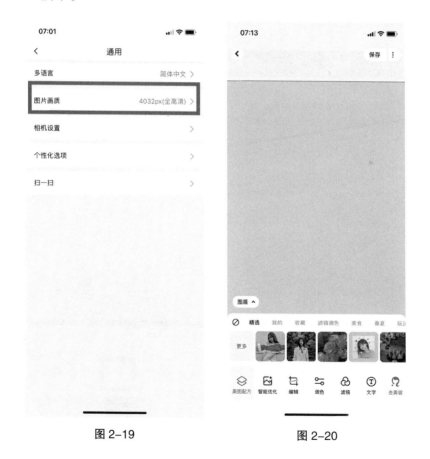

图 2-19　　　　　　　　　　　　　　图 2-20

　　第六步，选择下方菜单中的"背景"按钮，进入背景的设置页面，页面的上半部分是图片设计的预览效果，下方有"颜色"和"图案"两个按钮，再往下是几个不同的页面尺寸比例以及各种背景的图案样式。根据小红书的标准尺寸比例是 3∶4，我们也选择相应的比例 3∶4 即可，如图 2-21 所示。现在我们可以看到，在图片预览效果中，多了一个白色的边框。

第七步，选择"颜色"，可以看到在尺寸的下方出现了一行颜色选项，我们选择自己喜欢的即可，比如我选择了蓝色，如图 2-22 所示。这个时候我们可以看到，图片预览中刚才白色的边框已经变成了蓝色。当然，你还可以根据喜好选择图案作为背景，或者直接导入相册中的其他图片素材作为背景。

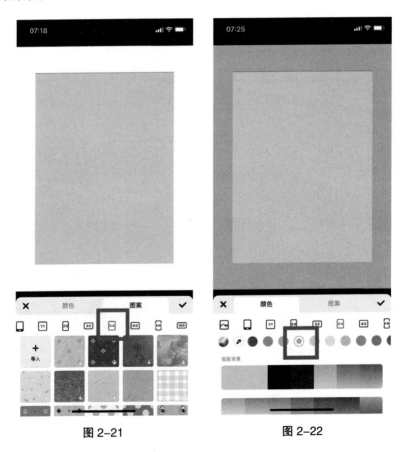

图 2-21   图 2-22

第八步，在菜单中选择"文字"按钮，进入文字设置页面，我们选择"样式"进行编辑，如图 2-23 所示，这时我们可以看到在图片预览中出现了一个"点击输入文字"的文本编辑框，我们点击一下，输入相应的文字即可，比如我们输入"短视频"点击右侧的红色确认按钮，可以看到图片预览中的文字已经变为了"短视频"，在文本编辑框的右上角有个叉，点击就可以删除这个文本；左下角是"+1"，点击一下就可以复制出同样的一个文本，右下角是旋转，按住之后可以通过拖动的方式改变字体的角度以及大小，当然我们还可以直接用两个手指同时按住文字，完成放大、缩小、旋转、移动的操作。

　　第九步，在"样式"的"文本"中，我们找到想要设置的字体颜色，比如我设置为深蓝色，并且选择"粗体"把文字加粗，如图 2-24 所示。

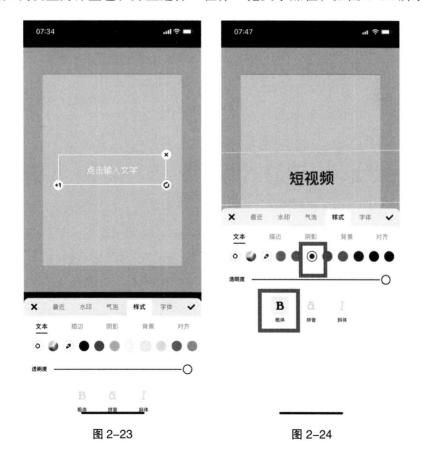

图 2-23　　　　　　　　　　　图 2-24

接下来，我们点击"文本"右边的"描边"，选择白色，可以看到预览中的文字有了白色的描边效果。

第十步，点击文本框左下角的"+1"，复制两个文本框，分别输入"特殊"和"拍摄手法"，把它们移动到合适的位置，并且把"特殊"的文本颜色改为蓝色，如图 2-25 所示。

第十一步，在下方菜单中找到并点击"抠图"按钮，会自动进入抠图的编辑页面，但因为我们的图片中没有人物，所以在上方会显示"未识别到人物，请自由编辑抠图区域"的字样，如图 2-26 所示。因为这个页面是默认自动跳转的，我们不需要在这里操作，所以点击左下方的叉，这时我们会进入另外一个抠图的编辑页面中。

图 2-25

图 2-26

点击右下方的"+ 新建"按钮，如图 2-27 所示，然后选择导入图片，在手机相册中找到你想要加入的人物形象。

你会发现，系统的智能抠图已经把人物抠了出来，如图 2-28 所示。人物照片的背景越简单干净，智能抠图就会越准确，当然，如果你选择的是背景比较复杂的图片，可以选择"画笔"和"橡皮"的功能慢慢地把人像抠取出来，在这个过程中，你可以用两个手指同时按住图片然后撑开的方式进行放大或缩小的操作，方便更好地进行抠图。抠图完成后，点击右下角的对号确认即可。

图 2-27 　　　　　　　　　　图 2-28

第十二步，这时你可以看到刚才抠取的图片已经出现在了我们之前做好的图片上，如图 2-29 所示。我们可以点击人像边框左上角的三个点，对人像进行翻转处理，也可以存为贴纸，下次想要用的时候，只要选择只用贴纸就可以了，简单方便。

右下角的小手指图标的作用是，如果你发现抠出来的图像有些细节不够好，就可以点击一下这个图标，回到抠图页面进行优化。调整人像的位置和大小之后，选择下方的"描边"功能，挑选自己喜欢的描边样式即可；你还可以根据样式上方的颜色选项卡更改描边的颜色；同时，你还可以选择颜色上方的程度条，调整描边的粗细程度，最终完成封面图的设计，如图 2-30 所示。

图 2-29

图 2-30

是不是很简单？其实这款 App 里还有很多有趣的功能，我们就不一一展开来讲了，你可以在平日里多打开来操作一下，很快就能学会。只要刚才的步骤跟着做下来，我相信其他的操作都难不倒你。以后我们就可以自己设计笔记封面了。

2. 获取更多图片素材

当然，除了封面以外，还有其他的图片素材也要用上。如果可以加上自己的一些设计，就可以让笔记凸显个性，从而提升整个笔记以及账号的质量。

那素材要从哪里获取呢？一般有三种途径：

第一种，也是最直接的一种，自己生产图片素材。比如我们做的是美食教学号，那么就可以在制作美食的过程中把素材都拍下来，包括原材料的准备、中途制作的细节以及最后成品的展示等；比如我们做的是美妆种草号，就可以直接购买一份产品回来，拍摄产品的图片、自己使用前后的图片等；比如我们做的是电影鉴赏号，就可以在看电影的过程中通过截图的方式收集素材。

第二种，可以通过各大电商网站获取。这种方法比较适合产品种草型的笔记，你推荐的产品，一般都可以通过电商网站找到相应的素材图片，为了更好地呈现产品的方方面面，我们可以把找到的图片素材分为产品图、细节图、使用图和效果图等类型，可以根据产品的不同而选择、运用，不是每个产品都要包含这些类型。

产品图主要呈现的就是产品的外观、包装等，几乎对所有的产品都适用，比如很多小红书博主在种草产品的时候，都会先呈现产品的外观，甚至让用户看到他从拆包装到最终拿到产品的整个过程，来让用户对产品有最直观的感受。

细节图主要呈现的是产品的细节，比如衣服的材质纹理、食物的饱满多汁、手工艺品的边边角角等，都能展现出产品的质量和价值。比如美妆博主在涂抹完种草的口红之后，会把嘴唇贴近镜头，让你近距离看到涂完口红的效果；或者是卖箱包的博主会打开包，让你看到内里、拉链等细节，这样用户就能对产品有更加细致的了解。

使用图主要展示的是产品的使用过程和使用场景，比较适合日用品、电器等产品。比如日用产品的小巧轻便，可以通过和其他产品的对比或者和模特的对比来呈现；比如电器产品的节省空间，可以把电器放在某一个场景中，就能呈现出产品所占据的空间情况。

效果图主要呈现的就是使用之后的效果，比如一套衣服穿上之后的整体感觉，或者一个榨汁机打出来的香浓玉米汁，都是可以通过效果图来呈现。当然，效果图展示的一定是产品的真实特性，不要过分夸大，否则不仅会造成用户购买之后的心理落差，严重的还会触犯广告法。

第三种，可以通过"无版权"图片网站获取。除了刚才提到的和产品相关的图片以外，我们可能还会用到一些其他的图片素材，比如风景、人物、建筑等，直接使用网上的一些图片，有可能会侵权，所以为了避免这些情况，我们在找图片素材的时候，记得找无版权的图片。

那怎样找到无版权的图片呢？我们可以在知乎上搜索"无版权图片"或者"免版权图片"，会找到很多帖子，上面有无版权图片的网站，根据自己的需要选择就可以了。

3. 封面进阶：什么样的封面更吸引人

收集好了素材，使用绘图软件也越来越熟练之后，我们可以深入学习如何才能让封面得到更多人的点击。这里给出 8 种封面以供参考：

第一种，悬念封面。可以通过在封面上设置一些吸引人的场景、画面或者人物来让用户本能地产生想要进一步了解的欲望。比如封面上有一只大龙虾，主题是清蒸 6 斤重的大龙虾是种什么样的体验，用户就会很想点开来看看。

第二种，效果封面。可以通过适当地加工或者美化等过程来呈现出更美的效果画面。各大景区的图片介绍就是最好的例子。

第三种，借力封面。可以通过加入一些热点元素来吸引用户。

第四种，新鲜封面。可以通过新鲜或者未知的元素来吸引用户。比如封面可以是一个有小米 logo 的汽车图片，标题是"小米汽车工厂独家揭秘，进展到底如何"，用户就会很容易产生兴趣。

第五种，故事封面。可以通过有故事的图片和文字结合，激发用户的想象力和共情力。比如图片背景是熊熊燃烧的大火，一个背影朝着火光走去，配上文字"感谢你们的逆行"，用户自然就会联想到消防员救火的故事。

第六种，定格封面。可以把视频中最有趣、最搞笑或者最精彩的一瞬间的画面作为封面。比如你拍的是滑板教学的视频，就可以把视频中你滑滑板时飞起来的最帅的那一瞬间当作封面，很容易吸引用户。

第七种，人设封面。如果我们有比较突出的人物设定，也可以用自己的形象照片来当作封面信息出现，比如都靓的 1001 页就是一个典型的案例，每一个封面都是她的一张形象照，清新甜美，和她的笔记内容非常吻合。

第八种，重点封面。把笔记内容中的核心信息用关键词的方式筛选出来，然后用醒目的字体去呈现给用户。比如可多美食记就是一个典型的案例，每个笔记的封面都是一道美食的名字，比如韩式辣鸡爪、低卡减脂水等，让人一眼就能看出笔记的重点。

当我们不知道如何做出更好的封面的时候，可以参考以上这 8 种方法，熟能生巧之后还可以把它们结合起来运用，会有更加明显的效果。

第四节
快速入门，教你轻松写出视频脚本

有了图片素材之后，我们来看一下如何写出视频脚本，毕竟除了图文笔记以外，视频笔记也是接下来的一个重要学习目标。我们要先来了解视频脚本。

1. 什么是视频脚本

脚本是电影或者戏剧创作中很重要的一环，用来确定视频作品的发展方向和拍摄细节，可以说脚本是我们拍摄短视频的一个重要依据。视频脚本一般分为三种，分别是拍摄提纲、文学脚本和分镜头脚本。

拍摄提纲指的是为一个视频或者某些场面而专门制定的拍摄要点，它对拍摄的内容起到的是提示的作用，比较适合于那种不容易掌握和预测的拍摄内容，摄影师可以发挥的空间比较大，但对于后期剪辑的指导作用就比较小。

比如拍摄提纲会这样写：男主人公走在路上，被人撞倒，对方没有道歉，扬长而去。不难发现，在拍摄提纲中，只有一些动作指令，对于内容的具体细节是没有把控的，比如对于男主人公被什么样的人撞倒、那个人是什么样的表情等都没有说明，拍摄的时候就要根据实际情况再具体定。

文学脚本比拍摄提纲丰富一些，需要规定人物的动作、台词、选择的拍摄手法以及整个视频的长度。比较适用于不需要剧情的短视频创作，比如种草视频、教学视频或者测评视频。

比如文学脚本会这样写：主人公熟练地把口红涂在嘴唇上（贴近镜头，让用户看清楚上妆之后的效果），同时对粉丝说："这个颜色也太好看了吧。"整个过程镜头拍到主人公胸部以上的位置，视频长度15秒。你看，是不是相对于刚才的拍摄提纲，多了很多细节，不管是主人公还是摄影师，看到就知道自己该怎么做，有很直接的指导意义。

分镜头脚本指的是直接把文字转化成用镜头的画面，来呈现要拍摄的内容框架以及细节，主要适用于故事性比较强的短视频。通常在分镜头脚本中包含了画面内容、景别、拍摄手法、时间、机位、背景音乐等元素。相对于文学脚本来说，分镜头脚本可以说是"可视化"的脚本，它可以更多地保留创作者的初衷。不过分镜头脚本对于画面的要求非常高，所以创作起来相对会耗时耗力。

比如用分镜头脚本来表现前面的拍摄提纲的故事会是这样：第一幕，男主人公很悠闲在公园里散步，镜头拍到男主人公全身，而且能看到公园的草地和蓝天白云，时长3秒；第二幕，透过男主人公肩头，可以看到一个人急急忙忙飞奔过来，时长2秒；第三幕，从侧面拍男主人公小腿以上的、被撞倒在地的镜头，时长2秒；第四幕，近距离拍摄另一个人胸部以上的画面，说道："你走路不长眼睛啊？"一脸生气的表情，骂完转身跑开，时长3秒；第五幕，画面转回拍男主人公全身，他站起来，拍拍身上的泥土，抬头，时长2秒；第六幕：特写男主人公的面部表情，完全没被刚才的事情影响，旁白"没必要因为你而破坏我的心情"，然后迈着自信的大步走远，时长3秒。

你看，这就是分镜头脚本和其他脚本形式的区别，只看文字，你的脑海里就已经有相应的画面了，甚至你可以用图文并茂的方式把大概的画面也画出来，这样拍出来的内容和你设想的，就不会有出入了。虽然看起来分镜头脚本比较复杂，但是如果我们用得多了之后，对于拍摄以及后期剪辑中运镜和景别的使用，都会有更深的理解。我们在下一节内容中详细讲解运镜和景别。

2. 视频脚本的创作流程

视频脚本的创作可以分成三大步骤，分别是明确主题、搭建框架以及丰富细节。就像是我们要画一棵树，先画又粗又大的树干，然后再画各个方向伸展的树枝，最后在树枝上画上每一片树叶。

首先，明确主题。我们要先确定，这个视频想反映的是什么主题，表达什么内容，或者要呈现的是故事背后什么样的深意。比如你想拍一个美食种草的视频，那么主题就是你想让用户了解到这个食物的特点，从而产生兴趣去购买；或者你想拍的是一个职场干货的视频，那么主题就是你想让用户通过这个视频可以学会职场的一些技能，少走一些弯路。

接下来，搭建框架。故事的线索是什么，人物关系有哪些，场景环境有哪些要素等，把我们想到的方向都写下来，这些就是视频内容的大致框架。

最后，根据我们刚才搭建的框架去丰富和完善内容。比如我们要拍一个职场干货的视频，拍摄的主题是在电梯里面遇到老板，如何才能巧妙化解尴尬。人物关系就是员工和老板，场景是在电梯里，而且是在要关门的一瞬间，老板进来了。可以用对比的手法去呈现内容主题，比如有些人只会默默躲在角落里面，或者只是尴尬地笑一下不知道说什么，而片子里的主人公不仅很积极主动地和老板打招呼，还汇报了最近的一些情况，同时请示一些自己力所能及的工作分配，这样不仅能让老板了解到自己的工作能力，同时也会留下更深的印象。

按照这个创作流程，很容易就能输出一个视频的拍摄脚本了，多多练习，可以帮助你更好地找到脚本创作的规律。同时，你也可以多看看别人的视频是怎么拍摄的，学习参考。

第五节
记住这几个拍摄技巧，用手机也能拍出大片

也许你发现了，在创作视频脚本的时候，需要我们对要拍摄的内容建立一定的画面感，那对于摄影新手来说，该怎么办呢？

其实，说到摄影，很多人都会觉得这是很专业的事情，需要用到很多专业的设备，比如摄影机、单反甚至是拍电影专用的斯坦尼康，但其实随着科学技术的快速发展，一台小小的手机就足以满足我们对于视频拍摄的种种需求。在本节中，我们就来学习一下，如何用手机也能拍出好看的视频大片，为我们的视频笔记准备更多优质素材。

1. 软件和硬件的准备

第一步，就是准备软件和硬件。我们先来说软件。一般情况下，手机自带的相机功能就足够我们使用了，在画质的清晰度上，只要能达到1080p 和 30fps 就可以了。1080p 可以简单理解为清晰度，比 1080p 还要清晰的有 2K 或者 4K。而 30fps 指的是帧率，也就是 1 秒会播放多少个画

面，30fps 就是 1 秒播放 30 个画面。我们知道，视频就是一个个画面快速变换而形成的，所以帧率越高，1 秒内播放的画面就越多，视频自然也会更流畅。

1080p 和 30fps 是我们能拍出清晰视频的一个基础指标，你也可以根据自己的需要设置得高一些。要注意的是，设置得越高，视频文件就会越大。

那要如何设置呢？如果是苹果手机，点击"设置"，找到相机的功能点进去，可以看到录制视频的选项，在里面就可以选择相应的清晰度和帧率了；如果是安卓手机，先打开相机功能，找到录像模式，然后在菜单中选择相应的清晰度和帧率就可以了。

但手机自带的拍摄功能有一个比较大的缺点，就是除了某些特殊机型有美颜功能以外，其他的手机拍出来的都是"生图"，所以很多人在拍摄素材的时候会考虑直接用第三方软件，这样既可以让画面更好看，同时也减轻了很多后期制作的压力。

在前面的内容中，我们学习了如何通过"美图秀秀"制作出笔记封面，其实它还可以帮助我们进行拍摄的美化。现在我们就以"美图秀秀"为例，说一下它的功能和手机自带的相机区别在哪里。

打开"美图秀秀"，如图 2-31 所示，在首页的中上靠右的地方，有一个"相机"选项，点击打开，进入拍摄页面，可以看到这里有很多功能，如图 2-32 所示。右上角第一个选项是尺寸，点击可以选择 3∶4、1∶1 和 9∶16 三个比例选项，给小红书拍摄的素材可以采用默认的 3∶4 进行拍摄。尺寸的右边是镜头转换按钮，点击即可切换前置摄像头和后置摄像头。右上角的三个点是菜单，点击打开可以设置拍摄倒计时、触屏拍摄、闪光点等功能，这里有一个要注意的地方是，如果我们拍摄的照片或者视频中会出现文字相关的信息，就需要保证用户能看到的画面是正常的，而不是左右对调的，所以我们需要点击设置按钮，把里面的默认勾选的"前置摄像头自动镜像"取消，这样用户看到的字就是正常方向的。

下方中间红色的圈就是拍摄按钮，在拍摄按钮的左边是萌拍和风格，萌拍里面有很多道具，可以给自己加上胡子、兔耳朵，或者用于变脸、戴头套等特效操作。风格可以简单理解为快速化妆，可以根据自己的需要和喜好选择相应的风格，逐一点击即可预览效果。

图 2-31　　　　　　　　　　图 2-32

拍摄按钮的右边是美颜和滤镜，美颜功能可以说是美图秀秀最受欢迎的一个功能了。除了磨皮、美白、立体、清晰、去暗沉这些基础的美颜功能以外，还能对五官等进行细致的调整，包括脸的大小、头的大小、眼睛的大小、嘴的大小等，有了这些功能，想要真人出镜的你，就可以更加自信地面对粉丝了。而如果我们拍摄的是物体或者景物的话，滤镜就是一个很好的选择，它包含了美食、油画、电影等各种风格，你都可以根据自己的喜好进行调整。

除了有这些丰富的功能以外，美图秀秀在拍摄视频的时候，默认是可以分段拍摄的，也就是我们点击拍摄，再点击暂停，这个时候，如果我们不选择右边的确认按钮，是可以继续点击拍摄按钮进行拍摄的，这样最终呈现出来的视频是几段视频拼接在一起的效果，省去了我们后期剪辑的烦琐。

比如我们出去旅游的时候，就可以先拍摄一段山的视频，然后再拍一段水的视频，最后再拍一段野花的特写视频，美图秀秀会自动把它们拼接在一起，成为一个完整的有山有水有花的视频，这是手机自带相机所没有的功能。

当然，除了美图秀秀以外，剪映、快影等 App 都有类似的拍摄辅助功能，操作方法也都大同小异，这里我们就不一一讲解了，按照前面学习的方法，举一反三，其他的 App 一样可以用得得心应手。

说完了手机拍摄的软件，我们来说说硬件。硬件在大类上可以分为两种，一种是拍摄设备，一种是辅助拍摄的工具。对于手机摄影来说，拍摄设备就是我们的手机了，在选择的时候，可以优先选择各大品牌的主打机型或者旗舰机型，尤其是那些主打拍摄功能的机型。

而辅助拍摄的工具，我推荐的是手持稳定器。手持稳定器能有效地解决手机拍摄的过程中画面抖动的问题，保证画面的质量。目前市面上有各种各样的稳定器，价格从几十元到几千元不等。

2. 八大摄影构图法，让你的每一帧画面都有冲击力

现在，我们准备好了软件和硬件，可以开始拍摄了。不少人有这样的困扰，就是明明知道要拍什么，但却怎么都拍不好，不知道拍摄的时候人应该在什么位置，而背景又应该占据多大的比例。

如果你也有这样的困扰，别担心，在这里，给你介绍八种摄影中最常用也是最受欢迎的构图法，帮助你快速上手，拍出更好的图片或视频。

第一种，三分法。

三分法也叫黄金分割法，是构图法中的万能法则。三分法就是把整个画面横竖都分成均等的三份，如图 2-33 所示，可以看到画面被切成一个九宫格，在画面中间的四条直线就是黄金分割线，黄金分割线两两相交形成的四个交点，就是黄金分割点。

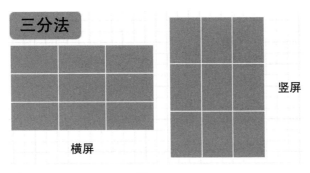

图 2-33

我们在拍摄的时候，要把拍摄的主体的重点位置放在黄金分割点上，比如你要拍摄的是一朵花，就可以把花蕊放在其中一个黄金分割点上，如图 2-34 所示：

图 2-34

或者你要拍摄的是一个人，也可以把人物重点要突出的脸部放在其中的一个黄金分割点上，如图 2-35 所示。

图 2-35

很多人说很喜欢李子柒拍的视频，觉得每一帧画面都可以直接截图下来作为桌面壁纸，而当你现在再去看她的视频的时候，就不难发现，她其实最常用的方法就是三分法，如图 2-36 所示。

竖屏拍摄也是一样的，我们看那些大主播在小红书上做直播的时候，脸部一般都固定在上面的黄金分割线上，这样就可以让整个画面更好看。

图 2-36

可是对于新手来说，该怎样使用三分法呢？总不能在手机屏幕上画几条线吧？其实，我们的手机其实都是自带网格线的，只是默认不显示而已。如果是苹果手机，点击"设置"，找到相机功能，勾选网格就可以了；如果是安卓手机，先打开相机，在设置菜单中找到参考线，打开即可（安卓手机因为品牌不同，设置的方式可能会有一些不一样）。

对于绝大部分的构图来说，三分法用得好的话其实已经足够了，如果想要让画面感更加丰富，也可以结合以下的构图法来搭配使用。

第二种，对称法。

对称法就是把画面分成对称的两个部分，可以是上下对称，也可以是左右对称。上下对称一般用于拍摄有水的景物；左右对称一般用于有两个人物对立或者建筑物的拍摄，如图 2-37 所示。

图 2-37

第三种，中心法。

中心法很简单，是新手最常用的一种构图方式，就是把要拍摄的主体放在画面的中心进行构图。这种构图的方式最大的优点在于突出主体，而且整个画面稳定性比较好。尤其是画面接近 1∶1 的正方形的时候，用中心法构图就会比较有视觉的吸引力，如图 2-38 所示。

图 2-38

第四种，水平线法。

水平线法指的是画面中出现一条水平线的构图形式，主要用于大海、草原、麦田、花海等场景，看起来更加广阔和平静。水平线可以引导用户从左到右去观察整个画面。要注意的是，水平线尽量不要从人的关节处或者头部穿过，这会让画面变得很奇怪。在拍摄海平面的时候，可以把海平线放在下方三分之一的地方，把更多空间留给远方和天空，切掉一些海滩，这样画面会更好看，如图 2-39 所示。

图 2-39

第五种，垂直线法。

垂直线法指的是用一条或多条垂直线进行构图的方式，与水平线的作用类似，不仅传达一种安静、稳定的感觉，还让画面看起来庄严、坚强、有支撑力。垂直线法在日常拍摄中是很重要的，因为不管在哪里，垂直线很容易找到。要注意的是，一定要保证线条在画面中是垂直的，稍有歪斜就会打破整个画面的平衡感，也就失去了垂直线的作用。我们在用垂直线法构图的时候，可以通过选择一些重复垂直的元素来增加画面的立体感和空间感，如图 2-40 所示。

图 2-40

第六种，引导线法。

引导线法指的是用线条来引导视线的构图方式，引导线的终点指向也是用户视线最终的停留点，能起到突出主体的作用。最常见的引导线法构图就是通向远方的道路、桥梁或者河流。不难发现，当你看到这样的画面的时候，你的目光会自然地沿着引导线看向远方，如图 2-41 所示。

图 2-41

第七种，曲线法。

曲线法指的是在画面中加入各种曲线来进行构图，适用于表现自身富有曲线美的人或者物，因为曲线有延长、变化的特点，能很好地表现出拍摄主体在运动中循序渐进的节奏和姿态，看上去有韵律感，如图 2-42 所示。

图 2-42

第八种，框架法。

框架法指的是利用有形状的景物或者利用光影来进行构图，可以有效地突出主题,营造一种神秘感,同时也让画面更有立体感,渲染出场景的氛围。在拍摄的时候可以多留心先观察身边的环境,找到用来搭建框架的元素,比如门窗、栏杆,甚至是雨、雪、雾等。要注意画面的整体美观,不要因为框架的占比过大而影响了主体的突出。用好框架法,会发现构图的趣味性大大提高,如图 2-43 所示。

图 2-43

3. 九大摄影运镜技巧,让画面充满动感活力

构图法主要用于拍摄过程中手机不移动的场景,如果整个视频画面都是相对静止的,难免缺乏活力,这个时候,我们加入一些运镜技巧,就可以完美地解决这个问题。

运镜,其实就是运动镜头的简称,指的是我们在运动的过程中进行拍摄。现在我们就来学习短视频拍摄中常用的九种运镜技巧,搭配前面学习的构图法,会产生锦上添花的效果。

第一种,推镜头。

推镜头指的是我们要拍摄的主体的位置保持不变,而镜头从远到近逐步推进。在推镜头的过程中,背景的范围从一开始的大慢慢变小,很多场景元素被逐渐移到画面以外，从而越来越突出画面中的主体。

在拍摄人物的时候，推镜头是看清人物的过程，更是走进人物内心，洞察内心的过程。

第二种，拉镜头。

和推镜头的运镜方式刚好相反，拉镜头指的是我们要拍摄的主体的位置保持不变，而镜头从近到远逐步拉动。在拉镜头的过程中，背景的范围从一开始的小慢慢变大，拍摄主体周围的很多场景元素被逐渐融进画面中，主体占比逐渐变小，从而越来越突出主体所处的环境。

很多电影或者电视剧的结尾都会采用拉镜头的方式，镜头从主角身上拉开，越拉越远，看到大地、地球，最后甚至是整个宇宙，来体现主角的渺小，或者更多的不确定性。

第三种，摇镜头。

摇镜头指的是拍摄的位置保持不变，通过左右或者上下调整角度的方式进行拍摄。当你要拍摄开阔的视野或者某个场景下运动的物体时，比如草原上奔跑的骏马、海滩上打闹的孩子等，摇镜头就是一个很好的选择。

摇镜头就像是片中主角的眼睛一样，可以让用户仿佛身临其境一般地看到主角眼中所见的一切，通过这种方式去呈现主角所处的空间环境。

第四种，移镜头。

移镜头指的是把手机放在移动的物体上面，随着它的移动所拍出来的画面，类似于我们平常走路边走边看的状态。和摇镜头不一样的是，移镜头的拍摄位置不再是固定不变的，而是可以打破空间局限，让画面看起来更加丰富。

很多宠物类的电影都会用到移镜头，比如把镜头固定在宠物的头上，这样就能让我们看到宠物走动过程中看到的画面，更容易产生代入感。

第五种，环镜头。

环镜头指的是被拍摄的主体的位置保持不变，手机以主体为中心圆点，进行画圆圈的环绕拍摄。这样不仅可以让画面更加生动，同时也可以突出被拍摄主体的一种中心感。

第六种，跟镜头。

跟镜头是移镜头的一种衍生用法，指的是手机对拍摄主体进行等距离的运动拍摄，主要分为前后跟拍和侧面跟拍。和移镜头不一样的是，移镜头呈现的是主角和场景之间的主观关系，而跟镜头呈现的是两者的客观关系，或者是第三者眼中的主观世界。

跟镜头需要考虑两个要素，分别是速度和稳定性。跟镜头的速度一般保持和主体的移动速度一样，呈现出"跟"的效果。如果要呈现的是客观场景，可以选用平稳的镜头，而如果要呈现的是第三者眼中的主观世界的话，可以选用自然抖动的镜头。

第七种，甩镜头。

甩镜头指的是在拍摄过程中，手机快速移动，从一个画面快速甩动到另一个画面的拍摄手法。因为移动速度快，会造成中途的影像模糊不清，这样就能把画面的动感和爆发力表现出来了。

甩镜头常用在街舞、武打等场景的拍摄中，突出表现节奏快、激烈的情绪氛围，因为这很符合我们眼睛的观看习惯，所以很容易产生身临其境之感，仿佛一切正在眼前发生。

第八种，升降镜头。

升降镜头指的是手机在拍摄的过程中，进行升高或者降低的运动，类似于我们前面讲到的推镜头和拉镜头，只是推拉镜头是在水平方向进行的一种主体和背景的呈现方式，而升降镜头是在垂直方向进行的。

升降镜头可以用比较长的自拍杆去完成，现在淘宝上可以买到很长的自拍杆，拍出来的画面就像是无人机拍出来的一样。当然，如果有必要，也可以配置无人机，这样拍摄时就有足够的升降高度，呈现出来的画面感也会更强。

第九种，高低角度镜头。

高低角度镜头指的是手机采用高于或者低于人眼的角度拍摄，因为拍摄出来的视角和平时用户的视角完全不同，所以能带来不一样的视觉冲击。

比如一些热门的视频，在拍摄时就是把手机放入小溪中，或者放入排水通道中，就能拍出一些平时看不到的场景，让用户体验到不一样的美。同样，如果我们用正常视角去拍摄拥挤的人潮，那只能拍到一部分人的背影或者后脑勺，但如果你把镜头拉高，就能拍到熙熙攘攘的人群。当然，如果你有无人机，那么就可以通过航拍的方式以鸟瞰的视角，带给人强烈的视觉冲击。

4. 景别运用，如何让画面衔接更加自然

在运镜的过程中，不难发现，很多镜头都在拍摄的过程中会逐渐改变主体和背景之间的比例关系，从而产生不一样的视觉效果，而两者不一样的比例关系，其实就是"景别"的改变。景别的适当运用，结合我们之前学习的构图和运镜，可以让画面的衔接更加自然，也更有视觉震撼。

景别一般可以分为五种，分别是远景、全景、中景、近景和特写，我们来逐个讲解。

第一种，远景。

远景一般用来展示人物以及周围广阔的空间环境、自然景色或者大场面的活动镜头。从比较远的距离来观看景物和人物，视野宽广，背景占据了主要的地位，而中间的人物会显得较小，整个画面能给人一种整体感，而细节相对而言就比较简略，如图 2-44 所示。

图 2-44

运用远景镜头需要注意的是，以突出环境为主，同时，结合构图法，把人物放在整个画面中比较合适的位置上。

第二种，全景。

全景主要表现人物全身，体型、衣着打扮以及活动范围都可以交代得比较清楚。相对于远景而言，全景更能够全面阐释人物和环境之间密切的关系，通过某些环境来表现某些人物，也可以把全景理解为"拍全身"，如图 2-45 所示。

运用全景镜头需要注意的是，完整地展示人物的全身，如果能通过动作或者衣着打扮，就让用户能很容易地判断出人物的身份就更好了。

图 2-45

第三种，中景。

画面边框的下边卡在人物膝盖左右的位置称为中景。和全景相比，中景包容景物的范围有所缩小，环境处于次要的位置，而把中心放在表现人物的上半身的动作上。这个特点决定了中景可以更好地表现人物身份、动作以及做这个动作想达到的目的。如果画面中包含了比较多的人物时，也可以清晰地表现人物之间的关系，如图 2-46 所示。

图 2-46

运用中景镜头需要注意的是，画面边框不要刚好卡在人物膝盖的位置，卡在脖子、腰、膝盖、脚踝等关节部位都是构图中比较忌讳的。

第四种，近景。

拍到人物胸部以上的镜头画面称为近景。近景着重表现人物的面部表情，以此表现人物的内心世界，是刻画人物最有力的景别，同时其他的背景画面可以尽可能地简约干净，如图 2-47 所示。

图 2-47

运用近景镜头需要注意的是，保持背景的简洁，避免被杂乱的背景占据用户的视线，条件允许的时候，可以运用大焦距进行拍摄，这样利用景深可以虚化背景，让用户的注意力集中到人物的面部表情上。

第五种，特写。

画面边框的下边在人物的肩膀以上或者某件物品的局部的镜头被称为特写镜头。特写镜头中人物或者某件物品的局部充满了画面，比近景更加接近用户，可以给用户强烈的印象（见图 2-48）。但也因此不能滥用特写镜头，否则物极必反，反而削弱了本该有的表现力。

运用特写镜头需要注意的是，特写是为整个作品画龙点睛的，要在恰到好处的时候给予用户震撼的感觉，而不是随便滥用。

图 2-48

在景别的衔接配合上，我们也要注意以下五点：

第一点，相邻景别不宜接。指的是上一个镜头是远景，那么下一个镜头不要接全景，如果上一个镜头是全景，那么下一个镜头不要接中景，以此类推，当然，反过来也是一样的，特写之后也不要接近景。

第二点，两极景别不宜接。指的是远景和特写两类镜头不要接在一起，不管谁先谁后，呈现的画面都会很奇怪，在人物还没交代清楚的时候，就开始渲染情绪，这样用户是比较难产生代入感的。

第三点，景别的大小和画面的时长要相匹配。大的景别，比如远景和全景镜头的时间可以稍微长一些，节奏可以稍微慢一些；而近景和特写这样的小景别，时间可以短一些，节奏快一些。

第四点，远景和特写一样，都不要运用过多。一般远景偶尔出现，用于交代人物所处的大环境，想要进行更多的场景和人物的交代，可以多使用全景和近景来呈现。

第五点，结合之前的构图和运镜的技巧，一般来说，运动的镜头不超过总镜头的三分之一，多了之后容易分散用户的注意力，不利于呈现客观的表达。当然，如果视频内容以呈现主人公的第一视角为主，可以适当地增加一些运动镜头。

你看，知识就是这样慢慢被串联在一起，成为一个统一的框架，只要我们一步步学过来，慢慢就会发现，原本你眼中那些遥不可及的摄影专业技巧，你已经可以熟练运用了，而且在日常生活中，看电影或者电视剧的时候，也会本能地去学习和借鉴别人的拍摄技巧，这就是学习最有魅力的地方。

第六节
轻松上手，手机剪辑技巧大放送

通过前面第五节的学习，我们掌握了很多拍摄的技巧，同时也积累了很多可用的图片素材和视频素材，那么接下来的问题是，该如何把这些素材剪辑到一起，或者说如何把视频中多余的部分删掉呢？这一节，我们就来讲一下手机剪辑。

随着科技的发展，不仅是手机的拍摄功能很强大，手机的剪辑功能也一样很强大，而且不用担心，手机剪辑非常智能化，零基础的新手也可以轻松上手，只要按照本书给出的步骤，一步一步跟着操作，相信你很快就能学会。市面上有很多手机剪辑软件，功能大同小异，我们就以剪映这款 App 为例来讲解，所以请你先在手机应用商店中找到剪映，然后下载下来。

登录剪映之后，点击首页右上角的"设置"按钮，把"自动添加片尾"取消掉，这样我们剪辑出来的视频就是没有水印的了。

1. 素材拼接

如果我们已经准备好了图片和视频素材，想把它们拼接在一起做成一

个视频作品，该怎么操作呢？这里有三种方法，使用的前提条件是我们的
素材不需要再进行修剪和完善，可以直接使用。我们先来说前两种简单的
方法：

第一种，一键成片。打开剪映，可以看到在"开始创作"的下方，有
一个"一键成片"的功能按钮，如图 2-49 所示。

点击进入，选择要拼接的素材，这里已经把手机里的图片和视频素材
都分好类了，你要做的，就是按照你想要拼接的顺序点击相应的素材，在
素材的右上角会出现一个编号，也就是素材在整个视频中出现的位置，如
果想删掉其中一个素材，可以在素材库中再点击一次，或者直接点击下方
的素材合集中素材右上角的叉，如图 2-50 所示。

图 2-49

图 2-50

点选完所有素材之后，点击右下角的"下一步"，即可进入编辑页面，如图 2-51 所示，剪映会根据我们画面的风格，给我们推荐一些特效模板，里面不仅包含了字幕和滤镜，还搭配了合适的背景音乐。点击即可预览效果，选择其中一个你喜欢的，然后点击右上角的"导出"，选择"无水印保存"即可。

第二种，剪同款。剪同款，简单理解就是找到自己喜欢的视频风格，然后快速把这个风格复制下来，用到自己的素材上，和"一键成片"的道理一样，只是剪同款有更多的样式和风格可以选择。

打开剪映，在下方菜单中找到"剪同款"的选项，点击进入剪同款的专题页，如图 2-52 所示，可以看到专题页中分成了三大模块，分别是平

图 2-51

图 2-52

台活动、推荐专题和视频分类，我们现在主要看视频分类，默认是推荐，还有卡点、萌娃、情感、美食等多种分类，每个分类下方都有很多视频的模板。

比如我们选择"卡点"这个分类，可以看到下方的视频模板中，会显示每个视频的使用量以及点赞量，你可以根据这个数据来进行判断，也可以一一点开模板来预览，如图2-53所示。找到喜欢的模板之后，点击模板右下角的"剪同款"即可进入素材选择页。

和"一键成片"不一样的是，这里的模板内容更丰富，视觉效果也更好，所以对于素材的要求也会更高，如图2-54所示，可以看到在选择素材的页面下方，有一行白色的空格，提示"导入或拍摄6段素材"，上面有相应的时间长度要求，比如第一段素材要求是"3.6s"，也就是说你的视频长度至少要有3.6秒，否则是没办法导入的，不过可以用照片素材去代替，照片素材就没有时间的限制。当然，素材是可以重复选取的，连续点击即可。

你还可以点击左下角的拍摄按钮，直接拍摄素材来使用。每导入一个素材，白色的空格就会被占用一个，直到全部占用，"下一步"的按钮才会显示出来。然后点击"下一步"，就可以看到预览的效果了，点击右上角的"导出"，选择"无水印保存"即可。

用"一键成片"和"剪同款"两种方法，就可以快速地把我们的素材拼接成一个视频，很适合第一次接触视频剪辑的新手。当然，这两种方法因为是在模板的基础上制作的，所以都有局限性，而且没办法自定义很多内容。

第三种，自己创作。点击剪映主页的"开始创作"，进入素材的选择页面，和前面的操作一样，按顺序点选我们需要剪辑的视频或者图片素材，在这里，我们还可以加入剪映提供的素材库中的素材。

图 2-53

图 2-54

点击素材页面右上方的素材库，会进入剪映的素材库页面，如图 2-55 所示，可以看到这里有黑白场、故障动画、片头片尾、时间片段、搞笑片段、搞笑动物、绿幕等各种各样的素材，如果你是一个抖音的深度爱好者，不难发现，这里有很多里常见的素材元素，我们可以根据需要勾选素材库中的一些素材。当然，所有的素材都可以在编辑的过程中根据需要添加，不需要在一开始全部加完。

选择好所有的素材之后，点击右下角的"添加"，即可进入剪辑页面中，可以看到，这个页面比之前的编辑页面要复杂一些，我们一一来看看，你就会发现其实很简单，如图 2-56 所示。

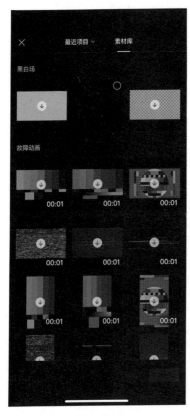

图 2-55

图 2-56

　　右上角是视频导出清晰度的调整以及视频完成之后的"导出"按钮。中间是视频的预览窗口，可以实时看到视频的画面情况，左下角显示视频的总长度和当前位置，比如图 2-56 中的视频素材时长一共有 30 秒，当前的位置是第 2 秒。中间有个三角形是播放按钮，点击即可播放视频，再次点击则暂停。右侧有一左一右两个转弯的箭头，是"撤销"和"重做"，如果我们点错了按键，点击向左转的"撤销"按钮，就能恢复上一步的状态。视频的右下角有个四方框，是全屏按钮，点击之后视频会全屏显示，方便你看到更细节的内容。

视频预览窗口的下方是时间轴，我们刚才点选的素材都会按照顺序依次排列在这个时间轴中，我们可以用手指按住时间轴中的视频素材进行拖动预览。不难发现，在时间轴的中央，一直有一条白色的竖线，它代表的是当前的预览位置以及编辑位置，方便我们进行对齐的操作。

时间轴的右侧有一个加号按钮，点击可以回到素材库中继续增加素材，如果素材导入的时候顺序有误，可以找到位置不对的素材，长按保持不动，就可以看到素材都变成了一个个正方形，这个时候就可以拖动它到相应的位置来改变顺序。

这个时候还有一个关键的步骤，小红书的笔记尺寸比例是 3 : 4，所以我们也要对视频的尺寸进行调整。在下方的菜单中找到"比例"选项，选择 3 : 4 即可，如果你导入的素材是横向的，那么剪映就会自动帮你把上下空出来的地方填充为黑色。如果你觉得黑色不好看，可以在比例旁边找到"背景"选项，就可以对背景样式进行修改。

可以看到，这里有"画布颜色""画布样式"和"画布模糊"三个选项，如图 2-57 所示，点击"画布颜色"，可以根据自己的喜好把黑色替换为其他的颜色；点击"画布样式"，可以在剪映的样式库中选择一个喜欢的样式，也可以上传手机上的其他图片作为背景；点击"画布模糊"，可以看到四种模糊的程度，其实就是把视频模糊放大处理之后当作背景，会跟着视频一起动。对于新手来说，每个样式都可以尝试一下，即使不小心点错了，点一下"撤销"就能恢复了。

比例和背景设置好了之后，把素材导出，就是一个拼接在一起的完整视频了。当然，在导入素材之后第一时间调整比例和背景会更好，这样我们可以在编辑的过程中看到素材是否会因为比例的调整而呈现不完整等情况，所以建议第一步先调整比例和背景。

图 2-57

2. 视频切割

作为新手，我们在拍摄视频的时候，尤其是对着镜头说话时，难免出现说错话或者表情不好的情况，对此，有些人就会选择一遍又一遍地删掉重拍，这样花费的时间和精力就大大增加。其实，不论是说错了话，还是拍错了画面都不要紧，我们可以通过剪辑软件把这些有问题的部分统统切割掉。

打开剪映，导入想要切割的视频素材，可以看到在下方菜单中第一个就是"剪辑"，点击"剪辑"按钮，会展开相应的功能菜单，有"分割""变速""音量""动画"等功能，这次我们只用到"分割"。

如图 2-58 所示，假设这个视频的第 2 秒到第 4 秒是我们不想要的，那么首先，拖动视频的时间轴，让白线对准 00：02，也就是第 2 秒的位置，然后点击"分割"，可以看到第 2 秒的位置多出了一条缝，也就意味着视频已经被切割成两个部分。接着，我们继续移动时间轴，让白线对准 00：04，再点一次"分割"，这时整个视频被切成了三段，点击第二段，就能选中这段，然后选择下方菜单中的"删除"即可。视频导出之后，刚才的第一段和第三段视频就会自动拼接在一起。如果导入了多个素材，也是按照同样的方法一个个素材进行切割即可。

图 2-58

顺便说一下，如果你想剪辑得更精确一些，可以用两个手指同时按住时间轴，然后撑开，时间轴就会被拉长。反之，如果你觉得时间轴太长了，也可以用这种方式把它缩短。

3.添加转场

在前面的内容中，我们学习了如何通过运镜和景别的配合来增强画面衔接的流畅性，这是拍摄层面的技术，而在剪辑层面，我们可以用添加转场的方法来实现画面更好的衔接。

细心的小伙伴可能发现了，在我们导入多个素材或者将素材进行切割之后，在素材之间的缝隙中有一个白色的小按钮，如图2-59所示，这个就是添加转场的功能按钮。

点击转场按钮，可以看到各种各样的转场效果，如图2-60所示，可以看到这里分为了基础转场、运镜转场、特效转场、MG转场、幻灯片、

图 2-59   图 2-60

遮罩转场等几个大类，每个大类中有十几个可供选择的转场效果，点击即可进行预览，然后选择自己喜欢的就可以了。如果你想在整个视频中都采用同一种转场方式，那么可以点击左下角的"应用到全部"，这样所有的素材之间，都会采取同样的方式进行转场。

4. 添加字幕

在前面的学习中，我们用美图秀秀添加过文字，其实在剪映中添加字幕也是大同小异的。

打开剪映导入素材之后，点击下方菜单中的"文本"，选择"新建文本"即可输入相应的文字，然后还可以通过选择不同的样式、花字、气泡、动画等给文字加上各种外观和特效，如图 2-61 所示。

图 2-61

　　和做海报不同的是，海报只是在一个页面上添加文字，而字幕会随着视频的播放进度而变化，所以我们要学会的是如何在时间轴的适当位置加上相应的字幕。如图 2-62 所示，在完成一个字幕添加之后，视频时间轴的下方会出现一个橙色的时间轴，这个就是字幕的时间轴。点击选中时候，字幕两边会出现两个白色的边框，按住其中一个进行拖动，可以改变字幕显示的时间长短，而按住整个字幕进行拖动，可以改变字幕显示的时间位置，比如图 2-62 中的字幕，会在视频进行到第四秒的时候显示，在第七秒的时候消失。

　　如果我们想在第八秒的位置添加新的字幕，只需要把白线移动到第八秒的位置，然后点击"新建文本"即可。如图 2-63 所示，可以字幕接着字幕，也可以断开几秒，甚至还可以叠加在一起。

图 2-62　　　　　　　　　　　图 2-63

而且如果我们的视频中，本身就有人说话，还可以让剪映自动生成字幕。当然，素材中的声音越清晰越好，不然剪映也很难去识别到底说了什么，也就更难生成字幕了。导入一个说话声音的视频素材，点击"文本"，然后选择"识别字幕"，开始识别即可，剪映会根据它识别到的声音把字幕生成在相应的画面上，省去我们要一个个字输入的烦琐。生成完成之后，我们最好检查一遍，以免出现错字或者漏字。

5. 添加声音

添加声音包括加入背景音乐、旁白以及音效。首先最常见的就是加入背景音乐，我们拍摄的视频难免会包含一些嘈杂的声音，影响观看的体验，这个时候，我们就可以把原来的声音删除，加入好听的背景音乐。

导入视频素材之后，第一步，点击时间轴左侧的"关闭原声"，即可清除视频中原有的声音，然后点击下方菜单中的"音频"选项，可以看到其中包含音乐、音效、提取音乐、抖音收藏和录音的功能。

点击"音乐"，会进入剪映的音乐库，如图2-64所示，可以看到这里有卡点、抖音、纯音乐、VLOG、旅行等音乐专题，还有推荐的音乐列表，点击即可进行试听，如果喜欢可以点击星星图标收藏，或者直接下载。

下载之后就会出现"使用"按钮，点击一下，音乐就会被加到时间轴上，如图2-65所示。和字幕时间轴不一样的是，音乐时间轴是蓝色的，点击选中，可以像操作字幕一样对音乐进行移动、裁剪等操作。

这里有两个比较特别的功能要说一下，分别是"淡化"和"踩点"。淡化就是淡入淡出，音乐突然响起或者戛然而止，其实都会让用户感觉比较突兀，所以我们可以设置音乐的淡入或者淡出，点击"淡化"，即可进行设置，最长有10秒钟的淡化效果。

图 2-64   图 2-65

　　然后是踩点，在"剪同款"中，我们可以看到有个大的分类叫作"卡点"，其实就是视频或者图片会根据音乐的节奏点进行变化，提高观看过程中的用户体验。如果我们想自定义自己的卡点视频，就可以通过踩点来完成。

　　首先，先添加一段音乐，最好是节奏感比较强、节拍比较明显的音乐，在音乐库的卡点专题中有比较好的选择。然后点击"踩点"按钮，可以看到有一个"自动踩点"的选项，点开它，剪映就会根据音乐给出至少两个节奏点的方案，选择你觉得合适的就好，如图 2-66 所示。如果你觉得节奏点不够，可以找到想要加节奏点的位置，用白线对齐，然后点击"添加点"；同理，如果想删除某个节奏点，也可以把白线对齐那个节奏点之后，点击"删除点"。

然后，点击右下角的对号即可回到视频的编辑页面，可以看到这个时候，音乐时间轴下方多出了很多黄色的小点，这些也就是刚才我们添加的节奏点，你再选中素材、字幕等去调整时间长短时，会发现每次移动到节奏点的时候，都会震动一下表示对齐，这样就更便于我们对齐各种元素，最终呈现的效果就是"卡点"。

添加音效也是一样的，因为音效是很短的一个声音元素，所以编辑起来相对于背景音乐要简单得多。点击菜单中的"音效"，即可看到音效的选择页面，这里分为综艺、笑声、机械等各种类目，我们可以点击试听，然后选择喜欢的音效收藏或使用。

也许你会说，这些音乐需要我们一个个去听去选，要花费很多的时间和精力，这个问题该怎么解决呢？这个时候，就可用到"提取音乐"和"抖音收藏"的功能了，我们不需要专门去花时间找音乐。我们要做的，就是在平时刷视频的时候，如果发现比较喜欢的音乐，就可以把视频下载下来，或者收藏起来，这样，当你想要用这个视频中的音乐的时候，就可以点击"提取音乐"，然后找到你已经下载的视频，就可以获取相应的背景音乐了，这个方法尤其适用于你很喜欢却不知道名字的曲子。"抖音收藏"就更方便了，在刷抖音的时候，如果你听到某一首很好听的歌，可以点击视频左下角的音乐链接，然后点击星星就可以收藏了，不过有一个前提就是你需要用抖音账号去登录剪映，这样"抖音收藏"的音乐才能同步到剪映中。

当然，如果你想要给视频加入旁白，可以通过"录音"的功能来实现。点击"录音"，然后按住录音按钮即可开始录音，建议录音的时候找一个相对安静的环境，且配置一个收音系统比较好的设备。说到录音，也许有些人并不想用自己的声音，但找别人帮忙录音又不太方便，该怎么办呢？

在我们编辑字幕的时候，点击其中一个字幕，下方的菜单中就会出现一个"文本朗读"的按钮，点击就能看到各种声音类型的选项，如图 2-67 所示，点击就可以试听，而且你根本不用担心这是智能生成的会很死板，相反，他们还会根据标点符号停顿，甚至加重感情，非常方便好用。所以如果你想要加入旁白又不想用自己的声音，文本朗读就是一个非常好的选择。

图 2-66

图 2-67

只要你一边看一边照着操作，就会发现这些剪辑技巧都很容易上手，而且当你熟练掌握这些技巧之后，即使是一般的素材，经过你的剪辑都能变得赏心悦目。

第七节
发布你的第一篇笔记

准备好了图片和视频素材，就可以发布我们的第一篇笔记了。登录小红书，点击首页下方中间的红色"+"按钮，如图 2-68 所示，就会进入素材选取的页面。

可以看到默认获取的是我们的手机相册，而在下方菜单中，还有直播、影集、拍视频、拍照四个选项，如图 2-69 所示。直播我们在本书的第四章会详细地讲到，这里我们可以先跳过。

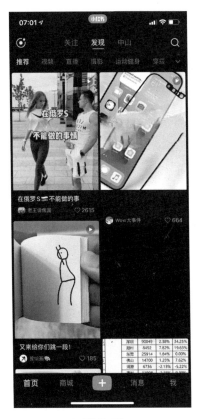

图 2-68

图 2-69

1. 影集

影集相当于剪映当中的"剪同款",但因为影集是小红书平台自带的,所以生成的风格和调性会更贴近小红书的用户,我们也可以尝试一下。

如图 2-70 所示,在影集选项中,可以通过左右滑动预览各个影集模板的呈现效果,上面还有影集的名称,需要添加的素材数量以及可以分享的内容方向,在影集的左上角,还可以看到使用过这个模板的人数。选好了影集模板之后,点击下方的"立即使用"按钮,就会进入素材选择页。

图 2-70

按顺序选择相应的图片或者视频素材即可,操作和剪映的"剪同款"类似,但有两个比较大的区别,一是在影集中没办法多次选中同一个素材，选中的就不能再选了；二是影集中的素材要求的数量只是建议，因为达到相应的数量呈现的效果才会最好，但如果你的素材不够，也是可以制作的，而在剪映的剪同款中，如果没加入足够多的素材，是不会出现"下一步"的操作选项的。

比如在图 2-70 中，提示我们要添加 5 段素材，但你可以根据自身的情况添加 1~5 段素材，然后点击"选好了"，影集就会自动生成了。如果不满意素材呈现的效果，可以点击左上角的向左箭头，返回素材选取的页面，这个时候会弹出"返回后编辑操作将不会保留"，也就是如果选择返回，刚才生成的影集会被系统删除，点击确定即可。如果不满意模板呈现的效果，可以在素材页面继续点击左上角的向左箭头，返回影集模板选择页面。

选好了素材之后，点击下一步，可以看到生成的影集效果，同时下方菜单中有音乐、文字和贴纸的选项，我们可以根据需要进行修改和添加，之后继续点击下一步，即可进入最终的发布页面。

2. 相册

点击小红书首页底部的红色"+"按钮，默认打开的就是手机相册页面，这里的操作我们已经很熟悉了，按顺序依次点击想要发布的素材即可。

当我们选中了素材之后，下方会出现已勾选的素材合集，这里也有一个小细节是剪映没有的，就是我们可以长按下方的任意一个素材，拖动它进行位置的调整，一旦改变了它们之间的顺序，上方素材库中的排序号也会因此改变。同时，在下方还会出现两个按钮："一键生成视频笔记"和"下一步"，如图 2-71 所示。

这里要注意的是，小红书有图文笔记和视频笔记两种，如果你选择的素材里面只有图片，那么如果这个时候你选择的是"下一步"，那么系统会自动生成图文笔记，用户在浏览的过程中，需要手动去翻看你发布的多张图片。如果你想用图片素材来发布视频笔记，可以用"一键生成视频笔记"的功能，还可以用"影集"的功能。而如果你选择的素材里只有视频或者视频图片都有，那么系统会自动生成视频笔记。

从这里也可以看出，小红书更倾向于引导创作者发布视频笔记，也符合我们本书开头提到的平台的内容推荐逻辑。

"一键生成视频笔记"和我们之前学过的"一键成片"或者"影集"差不多，下方有很多可选的风格类型，点击即可预览，如图2-72所示。

图 2-71

图 2-72

确认风格之后，点击预览的任意位置，即可进入下一步的编辑页面，这里同样可以修改笔记的音乐、文字以及贴纸。如果想换风格，点击右上角的"风格"按钮即可返回风格选择页，确认之后点击下一步即可进入发布页面。

3. 拍视频和拍照

当我们不想用手机里的素材时，也可以直接选择"相册"后面的"拍视频"和"拍照"功能，和手机自带相机或者其他 App 不同的是，小红书的拍视频和拍照功能增加了很符合小红书调性的辅助模板，如图 2–73 所示。

图 2–73

我们可以根据需要选择穿搭、复古、种草等模板样式，这些都是为了笔记而专门设计的模板，可以为你的笔记增光添彩。同时，在拍摄页面的右上角，还可以选择美颜。

4. 音乐、文字和贴纸

在我们发布笔记之前，都会经过调整音乐、文字和贴纸这一步，我们来看看这一步中和其他的操作有什么不一样。点击音乐，会进入音乐的选择页中，如果我们之前是选择了"影集"或者"一键生成视频笔记"，会包含默认的背景音乐，点击其他的即可进行更换，如图2-74所示，在音乐选项的第一个是"音乐库"，点击即可进入小红书的专属音乐库中。在这里，音乐是根据曲风进行分类的，比如清新、欢快、美食、治愈、旅行等，可以根据需要进行选择。

如图2-75所示，在音乐库页面中还有各种歌单可以选择，我们可以根据歌单的名字大概了解里面音乐的种类，根据喜好选择即可。当然，如果在这里找不到喜欢的音乐，也可以点击右上角的"导入音频"，选择你之前下载的视频素材，就可以把它的背景音乐提取出来使用了。

选择了音乐之后，如果你不想要当前的片段，点击菜单右上角的剪刀图标，即可进入音乐的选取页面，默认情况下系统会从音乐的起始位置进行节选，我们也可以拖动白色箭头，找到自己想要的片段，然后点击对号确认就可以了。

在下方还有一个"音量"按钮，点击进入可以调整视频原声和背景音乐的强弱关系，如果视频里有人讲话并且需要保留，那么可以把原声开到最大，然后背景音乐调整得小一些，让人可以听到的同时不影响原声；如果不想保留原声，那么只需要把原声调到最小，把背景音乐的音量调到最大即可。

图 2-74   图 2-75

文字功能和贴图功能的使用，和我们之前学过的美图秀秀或者剪映是完全一样的，根据需要添加或者修改即可。

5. 标签

如图 2-76 所示，这里有个按钮叫作"标签"，是小红书一个很特殊的功能，也就是给我们的笔记"贴标签"，便于其他用户更直观地了解到我们的内容。我们可以根据需要在笔记上打上和地点、品牌、商品、影视作品、书籍、用户等相关的标签。

值得注意的是，每个标签的时长要求至少 3 秒，如图 2-77 所示，所以如果你的视频内容还不到 3 秒，就会收到"标签最短时长为 3s，当前位置无法添加"的系统提示。

图 2-76   图 2-77

我们来举例操作。如图 2-78 所示，这个视频是我在泸沽湖的时候拍的日出，那么我们可以给它加上泸沽湖的地点标签。

点击"标签"，会进入标签的设置页面，选择"地点"，在搜索框中输入"泸沽湖"，可以看到系统会显示和泸沽湖相关的地点标签，如图 2-79 所示。

图 2-78　　　　　　　　　　　图 2-79

点击你选中的地点标签，可以看到五个表情图案，分别是踩雷、不好、一般、不错和推荐，踩雷的意思就是非常不推荐，你可以选择表情，也可以不选择而直接点击"使用"，如图 2-80 所示。

然后我们会看到，在视频的左下角，出现了我们刚才添加的地点标签，这个标签的位置是没办法移动的。然后视频的时间轴上出现了一块红色透明的区域，就是标记会覆盖的时间段。长按红色区域可以进行拖动，改变标签出现在视频中的时间点，或者按住白色的边框进行拉伸，改变标签出现在视频中的时间长度，如图 2-81 所示。

图 2-80   图 2-81

　　当我们想要继续给视频继续添加标签的时候，只需要点击时间轴右上角的"添加标签"即可，但需要注意的是，在已经有标签出现的画面上，就不能再出现标签了，系统也会弹出提示"同一时间段只能添加一个标签"，如图 2-82 所示。

　　如果在添加标签的时候，选择了表情，那么这个表情图案也会显示在视频左下角的标签处，如图 2-83 所示。同理，我们可以给视频加入商品、影视作品等相关标签。

图 2-82　　　　　　　　　　　　　图 2-83

6. 图文笔记

你有没有一个疑问：既然标签的时长至少需要 3 秒，那么图文笔记的标签该怎样添加呢？的确，图文笔记的标签和视频笔记有些不同，而且发布的过程也有些不一样，我们一起来看一下。

在素材库中如果我们只选中了图片素材，点击下一步，系统就会默认我们要输出的是图文笔记，这个时候页面如图 2-84 所示，可以看到在图片预览的上方有个"1/2"，意思是一共选取了 2 张图片素材，这是第 1 张。图片的右下角有个"调整"按钮，可以修改图片的角度和尺寸。

在下方的菜单中，除了配乐、文字、贴纸和标签这些我们很熟悉的功能按钮以外，还有滤镜和边框两个功能按钮。在滤镜中，除了有多种滤镜效果可供选择，还能对照片进行美颜修饰，调节照片亮度、对比度等。

边框功能是给图片素材加上背景边框，还可以改变图片呈现的尺寸比例。这里要注意，图片右下角的调整功能也有修改尺寸，和这里的改变尺寸有什么区别呢？答案是，调整功能是在原图上进行切割，可能因为尺寸的改变而切掉图片的一部分，而边框是给图片加上一部分，使它整体达到设置的尺寸。

接下来我们看一下图片的标签功能，如图 2-85 所示。

图 2-84

图 2-85

可以直接选择系统推荐的打卡标签，比如"周末出去玩""电影打卡"等，也可以点击"开始打卡"自定义标签，如图 2-86 所示，点击表情可以更换，最多可以输入 10 个字作为标签的名字，并且可以选择单位是"1次""1 天"或者是"1 个"。

图 2-86

输入完成之后点击右上角的"创建标签"，这个自定义的标签就会出现在图片上，如图 2-87 所示，而且不同于视频笔记中的固定位置，图文笔记中的标签位置是可以随意移动的，只需要用手指按住进行拖动即可。

同时，你还可以继续给图片添加标签，笔记中可以同时出现多个标签，这个也和视频笔记中同一段视频只能添加一个标签不同，标签的呈现更加丰富多彩，如图 2-88 所示。

当你点击选中一个标签的时候，标签外会出现白色的虚线选框，选框的右上角是翻转按钮，点击可以改变标签标记的方向。

需要说明的是，除了背景音乐以外，其他的功能选项只对当前的图片素材有效，如果想要对其他的图片素材进行调整和完善，需要用手指左右滑动图片预览的地方，切换为其他的素材再进行操作。调整好了之后点击右上角的"下一步"，即可进入笔记的发布页面。

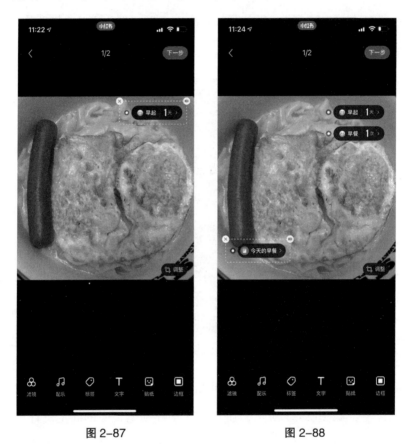

图 2-87   图 2-88

7. 笔记发布

现在我们进入笔记发布的最后一步——发布页面，如图 2-89 所示，左侧是图文笔记的发布页面，右侧是视频笔记的发布页面。我们来看看这两个页面有什么地方不一样。

不同之处就是左上角的预览小窗口。在图文笔记中，因为素材都是图片，所以第一张图片就是笔记的封面，在这一步是无法更改的，想要更改封面，只能返回素材选择页面重新选择。如果这个时候还想要添加素材也是可以的，只需要点击图片预览后面的"+"就可以继续在素材库中筛选素材了，只不过因为是图文笔记，所以只能添加图片素材，无法添加视频素材了。

图 2-89

而在视频笔记中，不管你之前选择了多少个素材，最终都会拼接为一个完整的视频，而笔记的封面会默认是视频的第一帧画面，如果你不想要当前的封面，点击预览小窗口里的"设置封面"，就会进入封面设置的页面，如图 2-90 所示，我们可以在时间轴上选取一个画面来设置封面，还可以点击下方的封面模板给封面增加一些设计元素。

封面模板中的标题部分是可以点击进行文字修改、旋转、放大缩小、移除等操作的，而其他的元素，比如边框除了无法进行文字修改以外，一样可以进行旋转、放大缩小以及移除的操作。

当然，如果这样你还是没选出自己的喜欢的封面，那么我们就可以用前面学过的美图秀秀来制作一个更好的封面，然后点击"相册导入"即可。

或者我们也可以直接点击预览小窗的其他部分，会弹出"设置封面""编辑视频""预览视频"的选项，如图 2-91 所示，可以选择"编辑视频"，回到视频素材的编辑页面，也可以选择"预览视频"，最后再确认一下视频笔记的内容。

图 2-90

图 2-91

这个时候，其实我们就可以直接点击下方的"发布笔记"红色按钮进行发布了，但为了让笔记更加完整，我们还可以为笔记添加标题和正文，还可以选择"参与话题"，点击进入可以看到话题的选择页面，如图 2-92 所示。

最上方是搜索框，可以输入关键词来获取更多素材，比如我的笔记是关于旅游的，那么我可以输入"旅游"，然后系统就会弹出和旅游相关的话题，如图 2-93 所示。

在搜索框的下方，有系统给出的分类，包括推荐、旅行、美食、VLOG、时尚、知识、摄影、运动、数码、娱乐、游戏、才艺、动漫、萌宠等，每个分类下都有最近比较热门的话题。

图 2-92

图 2-93

如图 2-92 所示，在推荐的话题中，前三个话题都带着一个时钟的图标，意思是最近你使用过的话题，其他的就是一些当前平台比较热门的话题。每个笔记只能选择一个话题，选好了之后如果想更改，只需要再次点击话题即可。当你已选择了话题的时候，话题的选择页面会多出一个"不参与任何话题"的选项，点击即可取消当前选题。

接下来你还可以点击"添加地点"，系统默认显示你当前所在的地方的一些相关地址定位，当然，你也可以自己输入一些具体的地点，比如"水立方"或者"泸沽湖"。地点的作用是辅助笔记被更多相关位置的人看到。

下方有一个"高级选项"，可以设置定时发布，如图 2-94 所示，你

图 2-94

可以选定具体的日期和时间，点击"完成"之后，再点击"发布笔记"，这样笔记就会等到你设定的时间再发布出来。

你可以勾选"保存到相册"，这样笔记在发布之后，在手机相册中也会保留一份。而如果这个时候，你还不确定是否要发布，可以点击左下角的"存草稿"，先把笔记内容存入草稿箱中，等到有时间再继续操作。存入草稿箱的笔记，可以在账号主页的左上角三条横线中的"我的草稿"里找到。

如果笔记确认无误，就可以点击"发布笔记"，你的第一篇小红书笔记，就这样诞生了！

第三章

你的笔记可以成为爆款

第一节
好的选题自带流量！你需要掌握的选题技巧

也许你常常会有这样的困惑，不知道该做什么内容，找不到选题方向，因此迟迟不行动，甚至最终放弃了更新。那么这一节，我们就来了解一下什么样的选题是好的，需要掌握哪些选题技巧。

要知道，笔记创作最关键的一步，就是确定一个好的选题，只有在前期做好了选题的构思和规划，才能让你有源源不断的笔记产出，甚至增加出现爆款笔记的概率。相反，如果你的选题没有选好，那么就算你花了很多时间和精力去做内容，也可能会得到数据一般的结果，可见选题的重要性。

1. 理清选题脉络的三个步骤

要确定最终的选题，需要了解选题产出的三个步骤，分别是确定选题方向、确定流量策略和确定内容细节。

第一步是确定选题方向。

选题方向和我们的账号定位以及人物设定是要紧密关联的，这样不仅可以维护账号的内容生态，也可以提高账号的权重。如果只是为了获取流量，而忽视了账号定位，就可能适得其反，也许你能得到一些流量，但也伤害了账号的垂直度和权重。比如你做的是一个职场干货号，但既发美食攻略又发塑形技巧，也许能获得一些流量，但久而久之你的账号关键词就会乱，粉丝属性也会乱。除了和账号定位密切相关，也可以进行合理的延伸，比如我们是健身号，也可以涉及一些低卡低脂的美食；比如我们做的是职场干货号，也可以推荐一些与演讲相关的技巧或书籍等。适当地延伸，不仅能确保账号内容生态的稳定，也能让我们找到更多选题的突破口。

第二步是确定流量策略。

流量策略是指我们结合确定好的选题方向，然后根据该方向上已有内容的流量情况来制定获取流量的策略。知道流量在哪很重要，这样不仅可以辅助我们找到更出色的选题，也能让我们更加清楚地了解用户都喜欢什么样的内容，而他们感兴趣的、聚集在一起围观的内容，就是我们可以参考的策略方向。

第三步是确定内容细节。

有了选题方向和流量策略之后，该做什么选题其实已经有眉目了，这个时候我们还需要去完善内容细节，抓住更多元素以获取用户的关注和认同。细节决定成败，能把握越多的内容细节，越能增加爆款出现的可能。

2. 爆款选题"三四五"模型

为了帮助你更多地做出爆款选题，这里给出一个"三四五"模型，遇到选题问题的时候，只要时刻记得这个模型就能事半功倍。

（1）"三高"，快速锁定流量聚集地

在确定流量策略的时候，需要知道流量都在哪里。这个时候，就可以用到"三高"，即高频、高赞、高温。

首先是高频。高频指的就是会反反复复、高频率出现的内容选题。多次出现，意味着平台和创作者都倾向于这个选题，而这个行为最终都是为了满足用户需求，所以当我们在小红书中多次看到同一个话题的时候，就可以判断这是目前平台和用户都很感兴趣的话题，自然也就会携带着比较大的流量。

有一段时间"一键回到童年"这个功能非常火，最早出现在国外的一个叫 faceapp 的软件中，它可以通过人工智能把一个成年人的照片变成一个 3 岁小孩的照片，因为和童年的照片非常像，引发了热烈的反响。这个功能传到国内之后，很多人都想看看自己 3 岁时的模样，在小红书、抖音上能看到不少关于回到童年的话题、视频，甚至还引发不少明星的积极参与。这就可以算是一个高频的话题，可以根据自身定位决定是否参与。

又比如在夏天，如果你做的是一个美食号，不难发现小红书里出现了很多冷饮或者水果沙拉的种草笔记；如果你做的是一个旅游号，也不难发现小红书里出现了很多海边度假、避暑胜地的出行攻略。这些多次出现的内容话题，也是高频的选题方向。

除了在小红书平台多次看到的高频内容以外，在日常生活、学习或工作中经常遇到的问题，也可以看作是一个高频的选题。比如你做的是一个职场干货号，你发现在平时和朋友聊天的时候，总会有人聊到区块链，但是很多人都不清楚这是什么，都很想知道，你就可以做一个讲解区块链相关知识的笔记；又比如你做的是一个英语教学号，你发现同学们考四六级时感觉最难的不是笔试，而是口语，这是很多考生的一大痛点，那么，英语四六级口语通关秘籍就是一个好的选题方向。

当然，在笔记中频繁出现的词汇、音效、背景音乐等也是我们需要注意的内容，说不定从中也能找到一些特别的选题。比如前段时间有个音效是"小朋友你是否有很多问号"，用来替代之前经典的黑人问号脸。如果我们发现很多人对这个音效感兴趣，你不仅可以出一个包含音效的笔记，甚至还可以出这个音效的来源揭秘笔记。又比如我们常常会在评论区见到一些潮流的新词，也可以把这些元素融合在笔记中，也是一个很好的选题元素。

其次是高赞。顾名思义，高赞指的是笔记内容的点赞量很高。前面讲过如何找到可以参考学习的账号，除了可以学习他们的账号定位和人物设定，还可以通过他们现有的笔记内容，从中筛选出爆款选题。要知道，一般情况下，每个账号的笔记的流量都是有高有低的，会有一个比较稳定的区间，但也会有流量很大的爆款笔记。

图 3-1 是一个手绘分享教学类账号，从画中可以看出作者每次都很用心。你可以看到，她平时的笔记的点赞量基本不到 100，有时候还有个位数的。但图 3-1 中有一个笔记的点赞量超过了 1000。

图 3-1

而"亮眼数据"的出现，就代表着这个话题的选题方向以及内容质量是用户非常喜欢的，用户通过点赞、评论、收藏等行为表示出对笔记的喜爱，同时助推了笔记的流量，让更多的人可以看到。同时，我们要关注的是，因为这些是我们参考的账号，账号定位和我们是类似的，甚至是相同的，那也就意味着，他们的粉丝未来也可能会成为我们的粉丝，所以这些用户的点赞，就是我们判断流量聚集的信号。

最后是高温。高温指的就是人们常说的热点。热点之所以叫热点，就是因为它们有着很高的关注度和话题度，能引发用户的兴趣。热点包含两种，一种是突发型，一种是规律型。

突发型热点顾名思义就是毫无预兆、突然发生的热点事件，这些事件可以通过微博热搜、抖音热搜甚至是朋友圈去获取。尤其是微博热搜，几乎已经成为新媒体人每天必看的热点渠道，而且因为热点每时每刻都可能发生，所以要花费比较多的时间和精力去关注，微博热搜比较侧重于娱乐新闻，内容以图文形式为主。而抖音热搜比较侧重于网红动态和民生信息，内容以视频形式为主。

规律型热点指的是按照时间节点有规律地出现的热点事件，比如每个季度的换季服装或水果，每年6月的高考和10月的国庆节长假等，这些都是规律型热点，到时间就一定会出现。和突发型热点我们无法做好准备不同，规律型热点因为有规律可循，所以可以在事情发生之前就做好准备。比如，如果你做的是职场类的账号，每年金九银十的应聘季，就可以多准备和输出一些和求职技能相关的笔记内容；如果你做的是一个旅游攻略号，那么也可以在各种黄金周之前，准备好各大景点的出行攻略为用户提供参考。

获取这些规律型热点的方法，除了前面提到过的微博热搜和抖音热搜以外，还有一个小红书专属的"笔记灵感"功能，可以帮助我们获取更多更符合小红书平台调性的热点话题。那怎样找到"笔记灵感"呢？

打开小红书，点击首页右上角的放大镜图标，如图 3-2 所示，在搜索框中输入"笔记灵感"进行搜索，在搜索结果的首位就可以看到一个"笔记灵感"的专题。

点击"去创作"，如图 3-3 所示，然后会进入"笔记灵感"的专题页，默认显示的是本周热点。

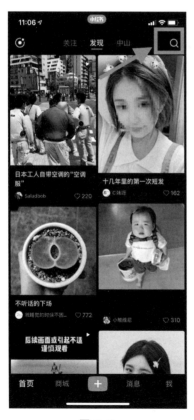

图 3-2

图 3-3

如图 3-4 所示，因为截图的时候刚好是五月，所以可以看到有很多关于五月的热点事件，比如第一口夏天、520 以及母亲节。

在本周热点的左边有一个"热门活动",如图3-5所示。热门活动中有很多官方发起的话题,比如"人类幼崽多可爱""五一档电影点评大赛"等,可以看到话题的右上角的活动状态,显示"进行中"或者"已结束",进行中的话题都是可以参与的,在话题的下方一般都会有话题参与的有效期,比如第一个话题是"人类幼崽多可爱",很适合家有萌娃的创作者,从5月7日到20日都可以参与,点击话题的封面即可进入话题的详情页。

图3-4   图3-5

在本周热点的右边有一个"经典话题",如图3-6所示。经典话题是小红书根据平台的数据筛选出来的一些用户参与度一直都很高、有热度的话题,分成美食、美妆、时尚、出行、知识、兴趣爱好等几个大类,每个大类下方都有多个经典话题可以参与，而且每个话题都可以看到参与的人数及浏览量，根据数据也能看出话题是否火热。比如图 3-6 中第一个话题"# 老外爱中国美食"，共 144 个参与，却有超过 1700 万的浏览量，意味着平均下来每个参与的笔记浏览量的有十几万，可见这个话题的受欢迎程度。

每个经典话题的下方还有三个笔记案例，如果不知道这个话题可以拍些什么，可以通过点击笔记案例来了解。这些案例就可以给我们很多话题的灵感，帮助我们更好地输出笔记内容。

除此之外，如果我们对于选题的关键词标签有比较强的整理和提炼能力，就还有一个很好的找选题的方法。比如我们做的是一个职场干货号，想做一期和职场新手升职相关的选题，那么可以提取的关键词标签就可以是：职场新手、升职、加薪、涨工资、晋升等，然后点开小红书右上角的搜索框，在上面依次输入我们收集好的关键词标签，就会找到很多参考选题。

如图 3-7 所示，输入"升职"，可以看到与升职相关的笔记有 4 万多篇，点击进去就可以根据"最新"或"最热"对所有笔记进行排序，你也就能了解到和升职相关的很多选题了。同时，在输入"升职"的时候，下方会弹出"升职感言""升职文案""升职申请""升职面试"等衍生话题，也是我们可以参考的选题方向。

（2）"四度"，判断选题方向的有效性

在找到了哪些选题汇聚了更多流量后，我们就要去判断这些选题是否适合我们去选择和参与，这个时候就可以用到"四度"，分别是匹配度、速度、角度和创意度。

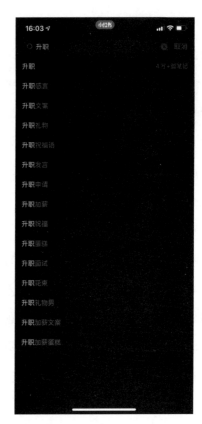

图 3-6   图 3-7

首先是匹配度。我们做爆款选题的目的，不只是单纯地获取选题所带来的流量，还要增加我们账号的内容价值，提升账号权重，所以我们要首先考虑，选题和账号定位之间是否匹配。

比如在前面我们看到有一个"老外爱中国美食"的话题非常火，那么美食号、探店号、旅游号、文化号等都比较适合参与，但如果你做的是职场号或者是美妆号，就不是很适合参与这个话题。就算你为了流量而参与了，会买账的粉丝其实也不多。我们不难发现，在小红书首页中很多点赞量很高的笔记并没有多少粉丝，为什么呢？那是因为账号定位、个人主页，乃至所有的设置，都是在打造用户对我们的认知，并对我们的笔记内容产生更多的期待，但如果我们只是盲目地追逐热点，不考虑热点和账号之间的匹配度，用户看不到话题和账号之间的关系，也就不能引发他们对于账号内容的期待。

其次是速度。要知道，不管是什么样的选题，其实都是有"有效期"的，只是时间的长短不一样罢了。比如国庆节长假的选题，在九月开始火热，一直到国庆节长假结束之后一个星期可能都是流量比较大的时间段，但再往后，热度也就下去了。所以我们在找到选题的时候，还要足够快地去收集和整理素材，完善内容，并最终发布笔记。

不少人都有拖延的习惯，好不容易遇到一个好的选题，想着工作太忙、学习太累，过几天再做笔记吧，结果几天之后，要么是这个选题已经没有热度了，再发也没人看，要么就是已经有很多人都做了这个选题，而且涌现出了很多爆款笔记，这个时候再做也有些迟了，流量还有，但不会很大。所以如果发现了一个好的选题，别犹豫，第一时间做出来。在选题这件事上，"天下武功，唯快不破"这句话是一句很有用的心法。

再次是角度。可能有些人说，我们没办法第一时间就把内容做出来，就是不够快怎么办？有一个解决办法，那就是换一个角度。我们知道，任何事情其实都有多面性，不同的人会有不同的看法。

举个例子，之前 B 站出过这样一个视频，相信不少人听说过，叫作《后浪》。视频中一个中年人铿锵有力地说着后浪们的光辉灿烂，一时间激起了很多"前浪"的评论，大家纷纷评论"后生可畏""少年强则国强"，同时，很多关于"后浪"的正面评论文章也相继成了爆款。这个时候，如果你再去写笔记去抒发对"后浪"的赞扬，可能用户已经看了很多了，没什么感觉了，自然也就不会获得多少流量。但就在人们觉得这个热点没办法追了的时候，出现了另外一种声音，有人指出，真正的"后浪"们并没有看过这个视频，而恰恰相反，这是一群"前浪"们的狂欢。霎时间，风向急转，舆论开始倒向另外一边。

你看，同一件事情，换一个角度，就会有完全不同的诠释，所以，如果我们没办法那么快地输出选题，可以尝试着换个角度，甚至是往反方向去思考选题还能怎样去讲，也许会有不一样的新发现。

最后是创意度。如果我们没有速度也没有角度，还可以考虑创意度，尽管我一直认为创意度才是最难的。什么叫创意度？就是当大家做同样的选题的时候，你可以发挥创意，联想到一些看似无关却又实际上大有关联的事情。

举两个例子。第一个例子发生在一个厨师身上，世界杯是全球性的大热点，那么，厨师和世界杯可以怎样结合成一个选题，既能获得世界杯的流量，也能体现出厨师这个账号的价值呢？答案是，这位厨师用一个大南瓜雕刻出了一个大力神杯，也就是世界杯的冠军奖杯，如图3-8所示。大力神杯是多少足球运动员奋斗的目标，自然能很好地和世界杯热点紧密地绑定在一起。同时，因为大力神杯是黄金铸造的，用南瓜雕刻出来的大力神杯与其非常相似，而且体现了厨师精湛的刀工，让用户了解了他过硬的专业实力，自然也就对他的内容更加喜欢。

第二个案例是华为因为芯片的事情持续升温的时候，有个人发了一个视频，在视频中，一块苹果被切了几刀之后，居然变成了华为的Logo，一时间引发了网友的争相模仿，如图3-9所示，可以说是一个绝佳的创意。

当然，就像我在前面说的，我认为创意度是选题中最难的，需要我们对话题内容有足够的敏感度，然后多去看别人怎样找到选题和定位之间的关联，通过练习慢慢提高选题的创意度。

图 3-8

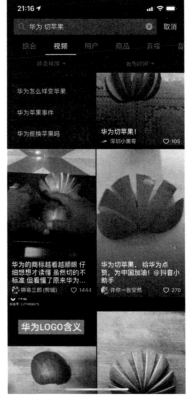

图 3-9

（3）"五维"，爆款选题的衡量要素

把"三高"和"四度"完成之后，你会发现在你眼前多出了很多选题，甚至在同一个方向上也会出现多个选题。这个时候，你需要学会去判断哪个选题成为爆款的概率更大，我们就可以优先做哪一个。那如何去判断呢？我们可以通过"五维"，也就是五个维度的衡量要素去进行判断，即覆盖性、痛痒点、时效性、社交性和价值观。我们一个个来看。

覆盖性指的是笔记内容可以覆盖的用户人数，覆盖的人数越多，他们对笔记感兴趣的概率才会越大，笔记能成为爆款的可能性也就会越大。

举个例子，如果你做的是一个摄影教学号，要想做一个旅游出行的摄影选题，比如主题是"告别游客照！新手旅拍快速入门全攻略"的一个视频，能覆盖喜欢旅游出行的人，要知道有很多人到了景点拍照时，还是只是简单地比个耶说个茄子，拍出来的画面是千篇一律的"游客照"，所以如果能有一个告别游客照的快速入门攻略，不仅是对于喜欢去旅行的人群，甚至对于出差的人群，都能覆盖，那么覆盖的人数自然而然就会比较多。

而如果我们的主题是"斯坦尼康在旅拍中的使用技巧"，会使用斯坦尼康的人本来就没多少，就更别说有不少人根本不知道斯坦尼康是什么，所以就算这个笔记的内容做得再用心再精致，也很难覆盖到比较多的人，因此最终的数据也就不会很理想。

再比如我们做的是做职场号，主题是"职场新人的 5 个升职加薪锦囊"，那么对于刚毕业或者刚进入职场的新手来说，就是非常需要的，他们很希望能够少走一些弯路，摸到一些门道，快速升职加薪，所以这样的选题可以覆盖到职场中比较多的一部分人。

而如果我们的主题是"企业文化活动的五大创意"，对于大部分职场人来说是没什么直接的兴趣的，因为对于企业文化活动来说，他们主要是参与者，而不是创意的策划者或执行者，所以他们没必要去了解这些创意，能覆盖的用户也就是类似企业文化专员这样职位的员工，相比于升职加薪的受众，就少得多了。

所以我们在进行选题筛选的时候，可以用覆盖性去判断潜在的用户的多少，把关键词标签输入搜索框，看平台现有的笔记数量也是一个很好的覆盖性参考，笔记越多，意味着需求量越大，覆盖人群也就越多。比如前面两个主题中，一个关键词是"新手旅拍"，一个是"斯坦尼康"，结果如图 3-10 所示，通过这个数据也可以很好地进行判断。

图 3-10

痛痒点是痛点和痒点的简称，痛点指的是用户在日常生活中遇到的问题，但因为一直无法解决而焦虑痛苦，所以他们想尽一切办法，不管是靠自己还是靠外界，希望尽快把问题解决。而痒点指的是用户心中很想得到或者很想体验的一种心理欲望，很希望能快点实现，内心充满着期待和向往。

一个爆款选题一定是狠狠地戳中了用户的痛点或痒点，让用户产生了对内容的信任和期待。

比如一个美妆教学号做了一个选题是"熬夜爆痘怎么办？一分钟快速完美遮瑕！"脸上长痘是用户的一个很强烈的痛点，身边不少人尤其是女生都烦恼过这样的问题，可能前一天还没什么，但睡一觉起来就爆痘，而且还常常出现在比较重要的日子，比如约会或者见客户。这个时候如果可以用遮瑕产品遮住，而且是快速遮瑕，就能缓解用户的问题。

相反，如果选题是"5 分钟告诉你爆痘的原因是什么？"就没有戳中用户的痛点，为什么呢？因为虽然很多人都有爆痘的烦恼，但就像知道熬夜对身体不好依旧熬夜一样，用户不是不知道怎么样会爆痘，而是想知道爆痘之后该怎么办，这个比较紧急。了解原因虽然是痛点，但相比于解决爆痘的烦恼，痛点较弱。

同样，如果我们做的选题是"名牌女装白菜价抢购攻略"，平时看到价格都不敢多看两眼的名牌女装，现在有了价格便宜的抢购攻略，想想就会很兴奋，就极大地激发了用户的痒点，让她们恨不得马上学会、马上行动。

而如果我们做的选题是"选对布料，穿起来才舒服"，虽然有时候我们也会去对比不同布料的触感和上身之后的区别，但衣服好看、性价比高才是很多用户更在意的问题，因此这个时候，去了解布料选择技巧的痒点就没那么强，最多是当你的笔记很丰富很详细的时候，他们会选择收藏起来，以后慢慢看，却不会想到去马上了解。

所以，通过痛点和痒点的对比，我们也能清楚地判断出在同一个问题上，什么样的选题更能解决用户心中大的问题，更能唤起用户马上行动的欲望。这些要素是做出爆款选题的关键。

时效性指的是信息在一定的时间内对决策具有价值的属性，什么意思呢？简单地说，就是信息在某段时间内的价值越高，那么能成为爆款的可能性就越大。前面我们说过这样的例子，关于国庆长假的选题，九月的时候开始火热，一直到国庆节结束之后一个星期可能都是流量比较大的时间段。那么，在这个时间段中，这个选题的时效性就比较强。再往后，热度也就下去了，也就意味着时效性变弱了，你再输出笔记，用户也会没什么兴趣了。

而热点事件一般来说时效性比较强，用户会在那个特定的阶段对于内容十分关注。比如我们做的是美妆种草号，最近出了一款国产化妆品性价比特别高，引发了用户的讨论，这个时候，就是抓紧时间去输出笔记的关键阶段。而当这款产品已经推出了一段时间，大家都用过了之后，你再去推荐，就没什么效果了。

所以当我们去输出笔记，想要获取更多流量的时候，需要去衡量这个笔记的选题在这个阶段是否有比较强的时效性。

社交性指的是当用户看到这个视频之后，是否会产生还想看的想法，或者做出点赞、评论和收藏等一系列互动的行为。这些行为出现得越多，就说明选题的社交性越强。而这些互动数据，不只是一个简单的数字，它是平台衡量我们笔记内容质量以及账号权重很重要的指标。

小红书就是利用这些数据对我们的账号进行评级。比如你想要升级为甜筒薯，就要做到累计发布 12 篇笔记，但只发笔记还不够，你还要做到平均每篇笔记获得 10 个收藏或 50 个赞，也就意味着这 12 篇笔记一共要拿到 120 个收藏或者 600 个赞。

需要强调的是，虽然账号等级中主要用到的数据是点赞和收藏，但评论互动也是很重要的。举个例子，两篇点赞数相同的笔记在你面前，一篇有 100 个评论，一篇只有 2 个评论，你会不会本能地判断出哪一篇笔记更好一些？没错，你会觉得评论多的笔记好一些，因为用户看完了之后愿意去交流去分享。就像是老师讲课一样，好的老师能和学生进行良好的互动，而不是整节课只有自己在讲，同学们只是安静地听。

所以我们在输出笔记的时候，除了要把内容做好，赢得用户的点赞和收藏以外，也要多选择一些社交性强的话题，或者在笔记中引导用户进行互动。

最后一个是价值观，指的是笔记内容中呈现出来的价值导向。一个选题，一定是因为它传播的价值观是正向的，是积极向上的，才能成为一个好的选题。

当然，正向的价值观是我们做选题的基础，在这个基础上，我们可以输出和账号定位或者人物设定相关的价值观。我们在人物设定的章节讲到了价值观，正向且有特点的价值观，可以把同样的一些人聚集在一起，成为你的粉丝。

当然，因为每个人的价值观随着年龄的增长、生活的经历的变化而变化，所以当我们相对固定地输出某些价值观的时候，能产生认同感的也就只有其中的一部分人，我们无法获得所有人的喜欢。但也因为筛选出来的用户价值观相近，所以黏性更高，更愿意互动和交流，从而不断提高账号的互动数据和权重。

我们花了很大的篇幅，详细讲解了"三四五"模型，"三高"是指高频、高赞、高温，"四度"是指匹配度、速度、角度、创意度，"五维"是指覆盖性、痛痒点、时效性、社交性、价值观。这个模型可以帮助我们快速筛选并锁定爆款选题。在举例的过程中，为了便于理解，我们采用了一些对比比较强烈的案例，但在现实生活中，摆在你面前的可能是两个比较近似的选题，这个时候你就可以多加入一些元素，结合起来去筛选。当然，如果你发现用完模型也没办法判断两个选题哪个成为爆款的可能性更大，那么最简单的方法就是两个选题都做，让用户的互动数据来给你最终的答案。

第二节
怎样写出点击率暴涨的标题

选出了爆款选题，接下来需要给选题准备一个标题。要知道，好的标题是笔记不可或缺的一个重要组成部分，它能够吸引用户打开笔记，是用户快速了解笔记内容的重要途径，而且有时候，几个字的差别就能给笔记带来巨大的流量变化。

1. 好标题的重要性

要知道，虽然用户越来越习惯于通过短视频来获取信息，但是在获取信息的及时性上，用户还是倾向于文字，这就是我们看有字幕的视频会觉得更轻松的原因，所以如果我们可以通过标题让用户快速获取笔记的相关信息，就能提升用户体验。

另外，小红书平台有着强大的兴趣标签算法，可以通过各种关键词属性进行内容和用户之间的匹配，从而给予用户更精准的推荐。而标题，是这些关键词很重要的一个载体。我们使用的关键词越多、越相关，自然也能得到越多用户的青睐。

2. 快速上手的 10 种标题类型

也许有人会觉得，写标题有些难了，需要有比较好的文字功底，可不是说写就能写出来的。这里给出 10 种快速上手的标题类型，包含理论、案例、练习，看完就能用，用完就有效。

第一种，热点型标题。

热点型标题是指我们把一些热点事件作为切入点引出我们想要强调的内容，热点事件会自带流量，对热点感兴趣的人，会因为某些关键词第一时间选择观看，而有的人就算不感兴趣，也会因为别人都在看而浏览。

假设现在是 9 月，那么大家都感兴趣的热点事件是什么呢？答案是"十一黄金周"，如果你能将选题和"十一黄金周"结合起来，并且在标题里突出，就能获取"十一黄金周"带来的自然流量。

比如你做的是一个美食教学号，可以写"趁着十一回家，学几道硬菜给家人露一手！"；或者你做的是一个旅游攻略号，可以写"上海迪士尼十一不用排队全攻略"。这些都是不错的标题，用户不仅可以很容易就获取到话题中的热点关键词，也能对话题产生兴趣。

小练习：请结合近期发生的热点，写出一个热点型的标题。

第二种，数字型标题。

数字型标题是指在标题中加入一些数字，给予用户真实感和信任感，从而让用户更想去看。同时，数字可以给用户带来对内容的期待感，就好比你最近正在追的电视剧有 30 集，而你现在正在看第 10 集，那么每天看一集，你还能看 20 天，想到这里就很开心，这就是一种期待感。

比如标题是"5 分钟，教你做好吃又好看的可乐鸡翅"，这里的 5 分钟就是数字，让用户产生预期，这个可乐鸡翅可以很快学会，省事省心，会很愿意点开看。

又比如"80 款男生最想要的礼物清单，超全不踩雷！"也是满足了用户的期待感，一次性种草 80 款礼物，而且不会踩雷，对于给男友或老公选礼物很头疼的女生来说，这就是一个很有用的标题，她们会忍不住马上点开看。

小练习：请用"3"写出一个数字型标题。

第三种，提问型标题。

顾名思义，提问型标题就是用问号作为结尾的标题，一般的句式有"如何……""为什么……""……带来了什么？""怎样……"等。提问型标题一般会表现为三种问句，分别是疑问、设问和反问。

疑问是指通过没有明显答案的发问方式引发用户思考，从而使用户对我们的笔记产生兴趣。比如标题是"你知道哪个型号的小米笔记本性价比最高吗？"这时，用户可能并不知道答案，也很想知道答案，他们就会本能地认为在视频中可以找到答案，于是就会点开笔记来看。

设问是指通过有明显答案的发问方式去影响用户对于某件事情的判断，让用户产生一定的心理预期。比如标题是"去哪里可以找到比这款口红更流行的色号？"用户一看就知道，你是想推荐这款口红，他们就会产生一定的好奇心，从而点开笔记来看。

反问是比设问更强调答案的一种问句，观点有非常明显的导向性，让用户不需要思考而直接被影响。比如标题是"全广州最好吃的小龙虾就是这家店！你居然还不知道？"因为语气很主观很强烈，也会引发用户的好奇心，看一下究竟是什么店让你觉得是最好吃的。

当然，要注意的是，不管是设问还是反问，问句中对于答案的呈现最好点到即止，如果答案呈现得过于明显，用户直接看标题就能获取，那么对于笔记的好奇心自然也就消减了。比如我们前面举的两个例子，一个是"这款口红"，一个是"这家店"，会配一些图片，但用户没办法通过封面就明确知道是哪款口红和哪家店，因此才能产生好奇心。如果我们在标题里写的是"哪里可以找到比香奈儿 58 更流行的色号？"是不是让用户对视频的好奇心就没那么强了？

小练习：请把刚才的数字型标题，改成提问型标题。

第四种，悬念型标题。

悬念型标题很好理解，就是把重要的信息先隐藏起来，引发用户的好奇心从而点开笔记。

比如标题是"以前经常失眠，自从每天坚持做这件事，一觉到天明！"，失眠是很多学生和上班族的痛点，不仅难受一晚上，而且第二天一整天的精神也都不佳，所以他们看到这样的标题会很想知道，到底是什么事情可以解决失眠的困扰，于是就会打开笔记去看。

但要注意的是，悬念型标题之所以能吊人胃口，是因为有用户的痛点或者痒点去铺垫，如果没有，那对于用户来说就是"不痛不痒"，自然也就没办法吸引他们。而且，一旦吊起了用户的胃口，就必须满足他们的好奇心，在笔记中给出行之有效的办法，不然就会让用户扑了一场空，白高兴一场，从而对我们产生非常不好的印象。

小练习：尝试着把自己最喜欢的一部电影名改写成一个悬念型标题。

第五种，名人型标题。

名人型标题就是利用一些名人的名言或者经历来表明自身的立场，借助他们的影响力来吸引用户的关注。

比如标题是"比尔·盖茨一生都在坚持的五个习惯"，比尔·盖茨当了很多年的世界首富，是很多人心目中的榜样，那么他一生都在坚持的习惯，也许就是他能取得今天这个成绩的原因，那么想要成为比尔·盖茨这样的人的用户，也就会对这五个习惯产生强烈的好奇心。而如果我们的标题只是"值得你一生坚持的5个习惯"，就稍显逊色。

又比如标题是"李佳琦夸赞的国民品牌，马上入手了！"，李佳琦是美妆界的顶级网红，他推荐过的很多产品都从默默无闻成为炙手可热的爆款产品，甚至很多时候都抢不到，于是不少美妆账号就会用李佳琦的名人效应去做产品推荐，相比于自己推荐，效果会明显好很多。

采用名人型标题要注意实事求是，不能为了吸引用户点击而虚假宣传，编造根本不存在的事情，这样不仅破坏了市场环境，也会涉及侵犯他人的相关合法权益。

小练习：尝试结合热点，写出一个名人型标题。

第六种，故事型标题。

故事型标题相对来说比较难写，因为标题最多 20 个字，我们需要在 20 个字以内把一个故事的背景或简要情况交代清楚，并引发用户的好奇心。

比如"25 年配音加 7 年龙套，他首演男主就斩获影帝！"就是一个故事型的标题，前半句说明了故事的背景，后半句说明了现在的成绩，用户就会对他走过的路、经历的事情产生强烈的兴趣，从而希望通过笔记的内容去了解。

又比如标题是"家里有上万只口红，他竟都如数家珍"，这是李佳琦的故事，一个男生家里有上万只口红，这还不是重点，重点是你随意指出一个色号，他都会在几秒钟内帮你找出来。看完这个标题，你就会对这个站在美妆领域之巅的网红产生兴趣。

故事型标题的关键在于提炼出故事的精华，但一定要保证视频内容的相关性和完整性，让用户看到他想要看到的故事。

小练习： 结合自己的账号定位，写一个故事型标题。

第七种，共情型标题。

共情型标题指的是通过情绪的表达来使用户感同身受，唤起他们同样的情绪，从而激发他们对于内容的兴趣。

比如"结婚是看到了彼此的缺点，依旧能包容和相爱"就是典型的共情型标题，恋爱是美好的，男女双方看到的更多的是对方的优点，但结婚不一样，生活在一起，会看到彼此很多在恋爱时不会暴露的缺点，而这个时候只有彼此互相包容和理解才能走得更远。用户看到这个标题会产生共鸣，对笔记内容也自然就会认可。

又比如标题是"见客户当天爆痘好烦人！还好我学会了这招"，平时皮肤好得不得了，一到见客户当天就狠狠爆痘，这是很多女生心中无法避免的魔咒，戳中了痛点，同时提出有方法可以解决，于是已经产生了共鸣的用户，自然就会点开视频寻找解决方案。

小练习：尝试着把一个悬念型标题改成共情型标题。

第八种，对比型标题。

对比型标题指的是通过两种或者两种以上目标的对比，呈现出比较明显的反差效果，让用户产生想要了解对比结果的强烈欲望。

比如标题是"月薪 3000 元和月薪 30000 元的插画师区别在哪？"，就算用户不是插画领域相关的人员，但因为有 10 倍月薪的对比，他们就会很想知道其中的区别是什么，有哪些地方是自己可以参考的，更别说那些本身就和插画相关领域的用户了。

又比如标题是"99 元完美自助餐，简直就是 999 元的享受！"，这里用了 99 元和 999 元作为对比，花 99 元吃一顿饭很多人都能接受，但 999 元对很多人而言还是比较贵的，现在只需要 99 元就能享受到 999 元般的待遇，用户会不心动吗？这就是心理预期给用户带来的期待感。

比较型标题要找到两个或者多个彼此相关却又有矛盾冲突的方面进行比较，它们之间的差距越大，矛盾越大，反差的效果也就会越明显，用户想看的欲望也会越强烈。

小练习：尝试着在不使用数字的情况下，写出一个对比型标题。

第九种，福利型标题。

福利型标题指的是直接把笔记中的知识、工具、技能等干货内容归纳在标题中，让用户一眼就能看到笔记中的含金量，从而产生强烈的求知欲。

比如标题是"提升写作能力，我推荐这 5 本书"，用户一看就知道，这个笔记中会推荐 5 本书，看完之后对于写作能力的提高会有帮助，如果用户刚好对于写作能力有提升的需求，打开笔记去看就是自然而然的事情，而就算用户此时此刻没有强烈的需求，只要内容看起来有含金量，也会选择先收藏起来，以后慢慢看。

又比如标题是"20 种夏天穿搭，每天不重样"，对于那些不懂穿搭，每天都看着衣柜发愁，不知道要穿什么的用户来说，这个笔记就是救星，每次出门前打开看一下，轻松美起来。这样，你还担心笔记没人看吗？

福利型标题需要注意的是笔记的内容一定要满足用户看完标题之后产生的价值预期，比如刚才提到的 20 种穿搭，就必须要有 20 种不同的穿搭在笔记中呈现，这样才会增强用户的黏性。

小练习：尝试着根据自身情况写出尽可能多的福利型标题。

第十种，反常型标题。

反常型标题通过比较反常识的内容作为标题引起用户的不解，从而产生想要进一步了解的欲望。反常型标题和内容是可以完美地结合的，甚至会让用户觉得很巧妙。

比如标题是"网红李子柒被央视点名，她根本不是仙女"，乍一看很反常，很多人都喜欢李子柒的视频，觉得每一个画面都好美，她活出了很多人梦寐以求的样子，这个时候看到她被央视点名，心里难免为她紧张，还说她不是仙女，为什么？原来，李子柒的视频爆红网络之后，引发了央视的关注，央视表扬了李子柒是传统文化的传承人，同时在采访的过程中，李子柒非常平易近人，就像邻家小妹一般，根本不像视频中那样仙气飘飘但有距离感。你看，标题与内容完美地结合起来了。

反常型标题要注意的是标题"挖的坑"必须要有好的内容去填回来，否则会适得其反。

小练习： 尝试着模仿上面的例子写出一个反常型标题。

细心的你会发现，这 10 种标题并不是独立存在的，而是彼此之间可以相互转化甚至是相互协同的，所以我们要做的是理解每个标题的写法，把它们融会贯通，将其中的几种技巧融合在一起，会收获很多惊喜。

3. 写标题还要注意什么

有了 10 种标题的模板和搭配组合，相信你可以比较轻松地写出 80 分的标题，想要标题的得分再高一些，我们还需要注意一些细节。

（1）突出关键词

在标题中添加关键词，不仅能让用户一眼就获取你要分享的内容主题，更重要的是，这些关键词非常容易被系统识别和提取，同时有利于内容的分发和推荐，从而获得更多的流量。

比如标题是"10 条秋冬百搭裤子，平价显瘦韩式穿搭"，你看，这个标题中"秋冬""百搭""裤子""平价""显瘦""韩式""穿搭"都是用户常用的关键词；又比如标题是"饮食干货！适合学生党的减脂方法！"，标题中的"饮食""干货""学生党""减脂"也都是常用的关键词。

当然，尽量不要简单地堆砌各种关键词，这样会让用户体验不好，而是把这些关键词自然地嵌进标题。

（2）多运用阿拉伯数字

如果使用数字型标题，那么对于表示数量的数字尽可能用阿拉伯数字。比如"九种补水面膜种草",这里的"九种"最好写成"9种"。用阿拉伯数字很容易在文字中被识别出来,因此更抓人眼球,更容易被记住;同时,数字的出现可以提升内容的可信度,表达也更为直观,显得有条理、有效率。

（3）寻找和用户的共同点

在标题中加入一些生活、学习、工作中常见的场景,这样用户会很容易联想到自己,也就更容易产生共鸣,自然也就能增加用户点开笔记的概率。

比如标题是"过年走亲戚都是这样吗?同一个世界同一帮亲戚",是不是看到标题就会想起自己过年回家时见亲戚的场景了呢?你是不是会点击笔记去寻找共鸣呢?

（4）标题尽量口语化

这里的口语化就是我们常说的"接地气",在前面我们了解过"知识的诅咒",很多人因为对某些领域或者专业足够了解和熟悉,难免会忽视其他人对于某些专有词汇是很难理解的。

（5）多用"你"

你有没有发现,我常常会用到"你",而不是"你们",为什么呢?因为直接用第二人称"你",能让用户很自然地认为就是在对着自己说的,有一种直接的对话感,能提高用户的代入感。而"你们"更像是对很多人说的话,用户不一定会认为这其中包含了自己,也就比较难产生代入感。

（6）精简到20个字以内

我们知道小红书的标题最多可以输入20个字,所以我们需要把标题控制在20个字以内,同时为了保证账号主页封面整齐,可以把字数限制在11~20字,这样可以确保标题显示为两行。

（7）不要"标题党"

在取标题的时候，切记不要出现"标题党"的情况。什么是"标题党"呢？就是那些标题描述和视频内容不符的情况。常见的"标题党"有以下几种类型：第一种是过分夸张的描述，像是"传疯了""出事了""惊呆了""触目惊心"这样过度夸张的词语尽量不要出现；第二种是故意在标题中隐瞒关键信息，故弄玄虚，甚至是欺骗用户的情况；第三种是夸张挑衅，或者是强迫式的标题，比如"不看不是中国人""经常熬夜一定要喝这个"，用这种方式去诱导甚至是强迫用户点击观看是非常不可取的。

（8）多使用"高情绪词汇"

这里的"高情绪词汇"指的是那些相对而言更容易激发用户情绪的词汇，比如我们做的是健身号，那么运动、营养这些词相对来说比较普通，而减肥、马甲线、腹肌等词汇相对就很有感染力，让用户看到就能增强信心。

把这些细节都注意到，标题自然就能写得更好，80分的标题自然就很快能变成100分了。

第三节
如何写出更容易吸粉的笔记

写好了标题，该写笔记的内容了，要知道，这个时候，用户已经因为封面和标题而点进来了，也就是说他们对内容产生了一定的期待，此时此刻需要得到满足，如果我们满足了他们的期待，那么他们就会产生获得感和满足感，从而很容易从普通的路人用户，变为粉丝用户。

我们在前面学习的账号主页优化、封面制作、标题技巧等，就是为了让用户去看我们的笔记内容。而小红书平台的笔记成千上万，最大的区别就是笔记的内容。这是一个"内容为王"的时代，你要坚信，只要你的内容足够好，就能做出爆款笔记，这只是时间的问题。

就像李子柒和李佳琦，大家看到的是他们一夜爆红，但背后，是他们多年如一日的保质保量输出，才换来浴火重生的蜕变，我们此刻正在经历的就是浴火，坚持下去才能蜕变。

1. 让用户欲罢不能的游戏化机制

我们都知道，人们在玩游戏的时候最容易上瘾。

很多产品，其实都是因为有了游戏化的体验，才让人上瘾，让人欲罢不能。不少人会因为沉迷于某一个 App 或者游戏而无法自拔。有人为了摆脱这种上瘾行为而强迫自己删掉它，虽然对于开发者来说，暂时失去了一个用户，但他却得到了认可，就是用户只有通过卸载或删掉它，才能强迫自己不去用它，而多少产品哪怕广告满天飞，也不会让用户产生任何兴趣。

而这个让人欲罢不能的上瘾机制，其实也就是游戏化机制。那么我们先来看看什么是"游戏化机制"。

游戏化机制包含四个部分，分别是操作简单、及时反馈、有获得感、保持新鲜。我们可以以一个游戏为例，比如女生很喜欢玩的"开心消消乐"。

这个游戏的玩法是通过移动方块，连成 3 个或 3 个以上进行同类型消除，以获得游戏分数。在第一次打开游戏的时候，会出现新手教程，系统会通过几次简单的演示，让用户快速学会操作，而且除了特定道具有时候需要去了解以外，其他的操作可以说即使是幼儿园的小朋友也能快速上手，这就是操作简单的体现。

在 3 个及以上同类型的方块连接到一起的时候，"嘭"的一声，像气球破掉一样，伴随着音效，方块消失不见。而当用户在使用道具的时候，道具也会有专属的背景音效，甚至通过屏幕震动来给出反馈，让用户知道道具在发挥作用，如果是包含手柄的游戏机，手柄还会震动，让用户产生更真实的体验感，这些体验感，都是在完成了某个动作之后立刻出现的，非常及时和迅速，这就是及时反馈的体现。

而在方块消除的同时，游戏的得分会相应增加，连续消除还能得到额外的加分，让总分更高，一关结束之后，会有分数的排名、和朋友的对比，自然也就让人更有获得高分的欲望，同时，根据分数用户还能解锁各种好看的徽章或者奖杯，游戏还会帮你生成好看的获胜海报，这些就是有获得感的体现。

方块被消除后，空余的地方会掉落新的方块，你不知道会掉下来什么颜色的方块；过了一关之后，你不知道下一关会有什么样的挑战；当你解锁了一个新的游戏剧情的时候，你不知道接下来会有什么样的剧情会发生；当你更新游戏的时候，你不知道加入的新内容是什么样的，等等，这一切就是保持新鲜的体现，正是因为永远不知道下一刻到来的是什么，所以你才会满怀期待地进行下去。

任何一款受大众欢迎的游戏，都具备这些特征。你知道吗？其实在我们日常生活中有很多有趣的事情，让我们总想着去做或者渴望去体验，就是因为游戏化机制的加入。

比如我们在走进一家便利店的时候，会听到"欢迎光临"的广播；当我们往饮料机里成功投入钱币的时候，它会播放操作完成的提示音，让你知道钱币已经被收取了；很多人在操作手机的时候，喜欢加上按键音或者震感，不然不知道自己有没有成功按到某个键，这些就是及时反馈在生活中的运用。

那我们是否可以这样理解，如果我们把游戏化机制的四个特点融入我们的笔记内容中，是不是也一样可以让用户欲罢不能呢？

2. 如何把游戏化机制融入笔记内容中

第一步，操作简单。很多人可能会说，看一篇笔记还不简单吗？没错，看一篇笔记很简单，但要看完一篇笔记并不简单，所以我们要让整篇笔记都简单易懂。同时，减少用户的操作成本。

比如，我们可以加入"1、2、3、4"这样的序号，或者在段落中加入"首先、然后、最后"这样的连接词，用户就不需要自己去梳理每句话的逻辑关系了。

比如，有时候笔记比较长，我们可以在开头或者结尾把要点罗列一下，就像是书的目录一样，方便用户快速获取笔记的内容框架。

比如在图文笔记中，有些图片和文字是相互对应的，但用户可能并不知道，这个时候你就可以为图片编号并在文字中加入相关的提示语，比如"见图4"，这样用户看到这一段的时候，就可以找到第四张图一边看图一边看文字。

还有包括我们前面学到的用美图秀秀给图片加文字，或者给笔记打上标签等行为，其实都是在降低用户获取信息的难度。而当用户看我们的笔记越觉得轻松，也就越愿意继续往下看。

第二步，及时反馈。我们要抓住用户的注意力，让他对下一秒的内容产生期待，然后在下一秒给他合适的内容反馈，满足他之前产生的期待。

你知道一篇文章第一句话的作用是什么吗？就是让用户想看第二句。

而第二句话的作用，就是让用户想看第三句。同理，一个视频的前面几秒的作用，就是让用户继续看后面几秒。

而用户数据中呈现出一个很特别的现象，就是如果一个视频可以让用户观看三秒钟以上，那么视频能被看完的概率就会大大增加；相反，如果一个视频没能让用户在三秒内产生兴趣，那么视频被关掉或者被划走的概率就会大大增加。这就是运营领域中常常提到的"黄金三秒"定律，意思是我们需要用视频开头的三秒钟来吸引用户。当然，"黄金三秒"定律不仅适用于视频笔记，也同样适用于图文笔记，我们可以把图文笔记的第一句话，当作是这关键的三秒钟。

第三步，有获得感。用户会去看我们的笔记，其实就是因为他们认为笔记的内容可以满足自身的需求，而用户的需求有哪些呢？我们其实可以根据马斯洛需求层次理论来一一进行分析。

什么是马斯洛需求层次理论呢？马斯洛是美国著名的社会心理学家，在他看来，人有五种不同层次的需求，在不同时期表现出来的各种需求的迫切程度是不一样的。人最迫切的需求才是激励人去行动的主要原因和动力。而这五个层次的需求分别是生理需求、安全需求、社交需求、尊重需求和自我实现需求。

而我们的笔记想要得到用户的喜欢，就需要满足他们的这些需求，这些需求的层次从生理需求到自我实现需求依次升高，越往上，实现之后带来的获得感也越强。

（1）生理需求。生理需求可以说是笔记内容中普遍存在的一种内容需求，我们看到的衣、食、住、行都是生理需求的内容满足。绝大部分的笔记内容其实都是在满足我们的生理需求，但这也正是大多数用户的需求，因此也是流量相对集中的需求。

（2）安全需求。安全需求是用户第二层的内容需求，一般呈现为围绕健康、安全或者财产相关的知识普及，这里面涉及的内容领域也是很广泛的。比如职场干货号教你如何升职加薪，其实就是满足你对财产的需求；比如减肥健身号教你如何通过调整饮食和增加运动来满足你对于身体健康的需求。

（3）社交需求。人有社交属性，所以你不难发现，受欢迎的产品，常常会有比较强的社交属性。对于小红书来说，除了笔记以外，用户还可以和喜欢的博主私信互动或者评论互动，这其实就是一种社交。同时，社交也是一种情感共鸣的获取。比如一些情感号所发布的内容能够引起你的情感共鸣，而当共鸣形成的时候，你会发现，你不是孤零零的一个人，在这个世界上，至少还有这个博主是懂你的，至少还有那些点赞和评论的人是懂你的。

所以，在评论区可以多引导用户进行互动，这样就能满足更多用户的社交需求。

（4）尊重需求。尊重是在社交基础上的升级，不仅希望连接到其他人，也希望其他人不仅喜欢自己，还认可自己，尊重自己。每个人其实都渴望自己是一个被认可的人。所以在笔记的内容中，我们要学会尊重每一个用户。

当你的账号慢慢积累了一些粉丝之后，你可能会遇到这样的情况，就是有人给你发私信，从言语中能看出来他很喜欢你，希望能认识你，也许会显得有些害羞或者胆怯，这个时候，如果你大大方方地回复他，也许会收到他惊喜的反应："哇，号主居然回复我了！"你知道吗？对于很多用户而言，他喜欢你只是单纯因为你的作品，甚至不管你有多少粉丝，这种喜欢是非常纯粹的，因此当你回复他的时候，他甚至会受宠若惊，这应该是运营者最幸福的时刻之一吧。

所以要得到别人的喜欢，我们也要给出足够多的反馈，因为他们的喜欢满足了别人认可我们、尊重我们的需求，而我们也应该满足他们相应的需求。比如说尽量抽时间去回复他们的评论，尤其是一开始做账号的时候，最好回复每一条评论和私信。要知道，在你还没有什么粉丝基础的时候，就有人愿意给你评论，是对你内容的极大认可，而我们第一时间回复，就是对用户的尊重。又比如用户在私信或者评论里提到他们对于某类内容很感兴趣，希望我们多做一些，那么我们也可以专门为他而做一个选题。

你别以为这只是他感兴趣的内容，他的需求也代表着一部分人的需求，而且，你可以想象一下，如果有一个号主因为你提了问题而为你专门做了一篇笔记，你会有什么感觉？是不是觉得自己被重视，是不是会更喜欢这个账号？

（5）自我实现需求。自我实现需求是人的最高层次的需求。我们需要帮助用户不断地挑战自己，突破自己。其实，我们只要能引导用户做那些他们原本并不打算去做的事情，就算是帮他完成了一次挑战。

比如你的笔记遇到这样一种情况，点赞数和收藏数都很高，但是评论数很低，除了是因为话题的社交性不强以外，也可能是因为用户想评论，但不知道该说什么，或者担心自己说错话。这个时候，我们要做的，是降低用户参与评论的门槛。

举个例子。笔记的话题是关于情感问题的，如果你引发的互动是说说自己的故事，可能有些人会担心被熟人看到而不敢说，这个时候，你就可以这样问：你身边有没有类似的故事可以分享呢？很多人愿意用"我有一个朋友"的方式来讲自己的故事，也就降低了他们的心理门槛。我还很喜欢抖音网红毛毛姐的做法，毛毛姐的话题经常是让用户难以评论的，于是他很聪明地在评论区里和粉丝聊起了家常，比如"五一去哪里玩？""今天中午吃了什么？"之类的话题，用户就很愿意参与，而且觉得他是一个很平易近人的人。

除此之外，我们还可以通过一些行为给予用户获得感，比如看到好的评论，除了及时回复以外，我们还可以给这条评论点赞，甚至是置顶展示给其他用户看。比如我们输出一篇为某些用户打造的笔记的时候，可以把他们@出来，这些都算是精神上的奖励。如果条件允许，我们还可以给予用户一些物质上的奖励，比如第1000名粉丝有奖，第100个点赞有奖等，用户也会产生获得感。

第四步，保持新鲜。有这样两个游戏，一个游戏是你每天只要跳绳100下，就能得到10元，另一个游戏也是你每天只要跳绳100下，但得到的金额可能是10元，或者更少，当然，也可能是100元、200元，甚至是更多，你会觉得哪个游戏好玩？

对多数人来说，是那个不知道到底能得多少钱的游戏更好玩，因为它的结果是不确定的，能给用户带来好奇心和期待感。

所以我们输出笔记内容的时候也是一样，虽然我们的账号定位是确定的，账号风格是确定的，但我们的内容形式可以多种多样，我们的内容选题可以丰富多彩，甚至内容的质量也可以不断地迭代提升。于是，对于用户而言，我们的账号永远是有价值的，且充满新鲜感，这个时候，用户才会愿意投入更多的时间和精力去看我们的笔记内容，也就让他们再一次进入我们所设置的上瘾机制的循环中，再次经历操作简单、及时反馈、有获得感、有新鲜感，然后保持循环。通过这种方式，我们不仅能逐渐培养用户浏览笔记的习惯，也能增加用户的黏性。

3. 什么是"凤头""猪肚""豹尾"

元代有个学者叫陶宗仪，他在《南村辍耕录》中写道："作乐府亦有法，曰凤头、猪肚、豹尾六字是也。大概起要美丽，中要浩荡，结要响亮。尤贵在首尾贯穿，意思清新。"

于是这种文章的创作手法就这样流传了下来。意思就是说，文章的开始要引人入胜，就像凤凰的头一样俊美精彩；文章的主体要言之有物，紧凑而有气势，如同猪肚一样充实丰满；文章的结尾要总结有力，能够引发思考，像豹尾一样雄劲潇洒。

如果我们的笔记也可以按照凤头、猪肚和豹尾的写作手法去进行创作，将会大大提升内容的质量和用户的体验。

4. 如何做好笔记的"凤头"

那么怎么样才能写好这个开头，吸引用户的注意力呢？这里给出八种笔记的开头方法，希望能给你一些启发：

（1）追热点。我们知道，热点是自带流量的，同样，笔记的开头也可以直接采用追热点的形式，比如今天微博热搜上有个热点是"广西的水果价格"，那你可以这样开头：

美食号：广西的水果价格也太便宜了吧！

美妆号：比广西水果还便宜的补水面膜，你不心动吗？

（2）痛点和痒点。我们可以在开头直接戳中用户的痛点或者痒点，引导他们在笔记中找到解决的办法，可以这样开头：

日用品号：

强力胶有印，钉钉子又有洞，想在家里装个挂钩怎么那么难？（痛点）

不打孔、无胶痕，这款挂钩要火！（痒点）

美妆号：

防晒不会选？闷痘长斑不透气怎么办？（痛点）

清爽透气不油腻，抗痘遮瑕还美白，这款防晒不要太好用！（痒点）

（3）讲故事。如果你比较擅长讲故事，可以试试用故事去开头，比较适合情感号或者个人成长号这种故事感比较强烈的账号类型，虽然这种方法在账号类型上有一定的局限性，但如果故事开头讲得好，就会吸引用户一直看到最后，比如：

情感号：那段一吵就吵了7年的恋爱，在今年夏天，结束了。

个人成长号：我人生的第一个100万元，是从三年前在天桥摆地摊开始的。

（4）放对话。我们可以用对话来进行话题的营造，来引发用户的认同感或共鸣。因为很多时候，对话比较容易产生代入感，比如：

美妆号：

"哇，合照里你姐姐的气质真好呀！"

"那是我妈啦，她平时很注意保养，化妆技术也超好！"

你看，类似这样的对话是不是一下子就吸引了用户的注意力，会很想知道妈妈是怎样保养和化妆的，其实这样的对话在广告中也是很常见的，通过两人的对话来引出痛点和痒点。

（5）设场景。营造场景是很经典的一种开场方式，熟悉的场景或者让人产生想象力的场景都可以增强用户继续了解的欲望。比如：

美食号：今天我们来到了北京××胡同里的一家开了几十年的烤

鸭店。

日用品号：卫生间味道很重？一招就能解决！

（6）直接说。我们可以直接说出笔记要讲的内容，通过类似总结或者导航的方式，让用户快速了解笔记的大概内容，并对内容产生兴趣。比如：

减肥健身号：今天我们带来 4 组暴汗动作，肚子、手臂、大腿和小腿，统统瘦下来！

职场干货号：新人面试最需要注意的 4 个细节，包括表情、动作、衣着和心态。

（7）提问题。和标题一样，我们可以通过抛出问题的方法，引发用户去思考，而当他们没想出满意的答案的时候，就会想要通过看笔记的方式去解决。比如：

美食号：蒜蓉还是麻辣？小龙虾最受欢迎的口味大比拼！

美妆号：如何才能既防晒美白，又清爽透气呢？

（8）抛对比。可以通过简单直接的对比，制造出强烈的反差，从而引发用户对于内容的好奇，比如：

减肥健身号：60 天瘦了 30 斤，其实他只做了一个动作。

日用品号：你还在辛苦地拖地吗？用了它，你从此可以看着电视嗑着瓜子就把地拖干净！

笔记开头的作用和标题类似，都是吸引用户继续往下看，所以不少技巧是可以互相借鉴使用的，我们可以多多练习，慢慢融会贯通。当我们能引导用户继续往下看时，也就刺激了他们的下一步行动，培养了他们的习惯。

5. 如何做好笔记的"猪肚"

"猪肚"是一篇笔记中占比最大的部分，因为内容很多，可能会出现用户看得很累、注意力分散或者看不下去的情况，这个时候，我们就需要运用一些写作技巧，来提高文章的流畅度和趣味性，让用户更顺畅地把我们的笔记看完。

（1）让用户认为和自己有关

一篇笔记为什么让用户没办法看下去？除了内容的价值不明显以外，就是用户觉得这里面的内容和自己没有什么关系，看完了也没什么用处，反而浪费时间，这个时候，我们就需要改变表达方式，来让用户感觉笔记里说的是自己。

前面我们说过的把"你们"换成"你"就是一种方法，用户会感觉我们说话的对象就是他自己，从而会比较愿意看。比如我们的笔记讲的是和整理收纳相关的技巧干货，如果我们说的是"收纳技巧都在这里了，赶紧看过来！"，用户并不会觉得自己需要掌握收纳的技巧，但如果我们说的是"这篇收纳笔记，是写给不知不觉桌子上就乱七八糟的你"，是不是一下子就戳中了用户的痛点？相信很多人都一样，刚刚收拾好的桌面，很快就变得杂乱不堪了吧？那么用户就很容易相信这篇笔记和自己有关。

又比如"毕业大学生人数连年增加，找工作的难度也在增加"，感觉是在一个很大的环境背景下在进行描述，难以让用户产生共鸣，这个时候如果我们写的是"刚毕业的你，是不是发现找工作很难？"一下子就能让用户产生共鸣，于是希望在笔记中找到面试的更多技巧。

（2）避免用抽象的词

很多人喜欢用一些抽象的形容词，但你要知道，每个人的人生阅历不一样，对于词语的想象力也不一样，太过于抽象的词汇，难以让用户更好地理解我们要表达的内容。

比如当我们种草一款风味烧鸡的时候说的是"精选新鲜鸡肉，用炭火慢烤"，乍一看没什么问题，鸡肉是精选的、新鲜的，做法是炭火慢烤的，但"新鲜"是多新鲜，"慢烤"是多慢呢？还是有些抽象。如果写成"刚宰好洗净的土鸡直接放在炭火上，翻滚烧烤 1 小时，直到鸡肉滋滋作响，汁液大滴大滴地流下来"，是不是看完就让人流口水了呢？

比如我们想形容一款产品种类很丰富，最好不直接用"丰富"或者"多种多样"，而是用直接的数字去表明，比如种类多达 54 种，这样用户就会认为种类很丰富了。

又比如我们想形容一个饮料很好喝，如果只是说"好喝"，那么用户可能没办法知道到底有多好喝，但如果写的是"连最后一滴都会喝完，然后加水进去晃一下再喝"，就像我们喝很喜欢的酸奶一样，把盖子都会舔干净，足以看出有多好喝。

（3）让对方想问"为什么"

一件事情如果是用户已知的，那么他可能就不会很有兴趣，所以我们应该尽可能地找到一些和用户的认知相冲突或者相违背的地方。

比如我们想种草一款防晒霜，如果只说"这款防晒霜的防晒效果很好"，用户可能没什么感觉，因为在他的认知中防晒霜就是要防晒的，但如果说的是"随时随地轻轻一喷，清爽一整天"，用户也许就会很感兴趣。

比如我们想分享一些沟通的技巧，如果说的是"销售员的话术"，那用户可能没什么兴趣，但如果说的是"销售员应该学会拒绝"，用户就会很好奇，然后点开看。

（4）用标点符号或者语气词制造节奏感

两个人在你面前演讲，一个人激情满满、抑扬顿挫，一个人声调平缓，没有变化，你会喜欢听哪一个人的演讲？答案很明显。我们的笔记内容也是一样，就算只有文字，也可以通过标点符号和语气词让用户感受到节奏感。

比如"笑死我了！这个也太好看了吧！"和"挺好笑的"，是不是前者更容易唤起你的好奇心？又比如"那个……那个……你……最近……还好吗？"和"你最近还好吗？"，是不是前者更能表现出那种很关心却又有些胆怯的心情？

所以别看都是文字，有了标点符号和语气词的帮助，一样可以把我们想要表达的情绪呈现出来，所以不要忽视它们的作用。

（5）描绘出场景画面

我们知道，对场景画面的描述，可以让用户更容易产生代入感，从而引发其想看笔记的需求。所以尽可能地在讲述一些事情的时候，把用户可能会遇到的场景画面写进去。

比如"紧急化妆技巧大公开"，用户虽然可能也会感兴趣，但这需要他们去思考，什么时候是紧急的，而我们输出这篇笔记的目的是帮助用户减少思考，所以我们可以写成"睡过头、临时约会、哭花了妆怎么办？不知所措时的紧急化妆技巧大公开！"，用户看到的时候，脑海里就会闪过这一个个场景，也就更容易戳中他们的痛点，唤起他们解决问题的欲望。

比如"美味零食推荐"，也可以写成"同事小聚、亲友来访、熬夜追剧、放空状态等最适合的美味零食推荐"，帮用户把场景想好了，他们自然就会更容易直接接受甚至是购买。

（6）给用户设定目标

有时候，用户不清楚看完笔记能给他带来什么价值和变化，我们就可以通过给他们设定目标来让他们了解这些内容会给他带来的价值和变化。

比如"如何减掉小肚子"，用户的确想要减小肚子，但是他并不知道学完之后要多久才能有效果，我们就可以写成"夏天到来之前向小肚子说拜拜！"，这样用户一下子就有心理预期了。

当然，目标也可以是很大的，比如乔布斯的那句名言："你想就这样卖一辈子糖水，还是改变这个世界？"我们看到这句话心中是不是会展开一个改变世界的宏伟蓝图？所以帮助用户去设定目标也是一个很有效的方法。

（7）通过详细说明强调意思

的确，很多时候我们需要简洁明了，但有时候也可以通过较为详细的说明来达到意思的强化，从而让用户有更深的印象。

比如"如何提高直播间人气"，我们可以写成"你想不想拥有一个人数不断上升，互动区刷屏不断，打赏礼物应接不暇的直播间？"你看，同样的意思，但说明详细的句子就更容易打动有需求的用户，满足他们对于内容的好奇和期待。

（8）针对目标群体

内容呈现很明显地针对目标受众，虽然会"劝退"非目标人群，但却能让目标受众的注意力更加集中。

比如在笔记中加入方言，一些"两广"地区的博主会用粤语来进行表达，这样虽然会导致不懂粤语的人听不太懂，但是"两广"地区的人听到却会格外亲切。文字也是一样，如果有一些词语一看就能知道是哪里的口音或者方言，也能快速拉近距离。

我们还可以用年龄去找目标人群，比如"25 岁的你，应该学会的职场升职技巧""30 岁新手奶爸全攻略"。也可以用身份去找目标人群，比如"你想节省汽车保险费吗？""妈妈们，你们是不是每天想菜式很辛苦？"还可以用状态去找目标人群，比如"这个歌单，献给失恋中的你""你在紧张备考吗？3 招帮你缓解压力！"

你看，这些都是有明显针对的目标群体的，可以快速激活用户，并且增强笔记的互动性。

6. 如何做好笔记的"豹尾"

写好了"凤头"和"猪肚"，现在我们来看看"豹尾"应该怎么写。这里给出六种结尾的参考手法，希望对你有所启发。

（1）总结法。这是最常见的一种结尾手法，就是在文章的末尾再把讲过的事情总结一遍。比如：今天我们分享了 3 个护肤小常识，分别是……这样不仅可以让整篇笔记看起来条理更清晰，同时也可以减少用户的理解成本和操作成本，他们不需要自己去回想都有哪些知识点，也不需要自己去总结出来。

（2）反问法。在游戏化机制中我们强调了，激发用户的行动，并且让他们愿意投入更多的时间和精力，而这些可以通过反问的方式去实现。比如：这款 JK 制服这么好看，姐妹们还犹豫什么？又比如：下次再遇到同样的事情，你会如何解决呢？

通过反问，激发用户去思考，引导他们在评论区中说出自己的看法。很多用户在看完笔记，尤其是那些比较长的笔记之后，会产生一丝的疲惫感，会忘记要去互动，这个时候我们的反问就可以起到提醒他们行动的作用。

（3）直接法。如果反问没办法达成我们想要的效果，也可以尝试直接去引导。比如：喜欢记得点赞收藏哦！又比如：赶紧带上你的闺蜜去吃这家的小龙虾吧！

相对于反问法，直接引导法就是简单直接地引导用户采取下一步的行动，不同的用户面对不同的方法效果也不一样，所以我们可以在运营小红书的过程中都去尝试一下，看看哪种方法的效果更好，就可以更多地使用那种方法。

（4）名言法。那些还不熟悉我们的用户，对于我们所说的，可能并不能足够信任以及采取下一步的行动，这个时候，我们就可以采用名人名言的方式进行辅助。

（5）问答法。还记得我们在开头的时候通过对话的方式来展开吗？其实大部分的对话都可以呈现为一问一答的方式，用问题来引发用户的思考，戳中他们的痛点或者痒点，用回答去给到他们解决问题的期待，引导他们继续往下看。同样的，我们也可以用一问一答的方式来结尾，作用和开头是类似的。

比如：如何能做到防晒美白又透气清爽？答案就是今天种草的这款防晒霜。又比如：为什么我那么喜欢这家店？当然是因为这道无与伦比的推荐菜！

用这种自问自答的方式，不仅能强调笔记的重点，同时也能引发用户的下一步行动。

（6）金句法。不知道你有没有看过一些演讲，比如罗振宇的"时间的朋友"，或者是吴晓波的跨年演讲，不难发现，让我们记忆深刻的，不是那些方法论和大道理，也不是精美的 PPT 和案例图片，而是那些金句。

比如我到现在还记得 2020 年罗振宇的跨年演讲中有一句："在所有选择的关头，多和人连接"，这句话不仅让人印象深刻，也真实地改变了我工作、学习和生活的习惯。所以接下来，我们好好聊一下如何写出金句。

7. 快速打造金句的 10 种句式

很多人都知道金句很重要，但是如果要自己写，就望而却步了，觉得这个很难，但其实，如果你留心研究过金句，不难发现金句的背后其实是有着固定的句式的，我们可以直接套用，写出自己的金句。

（1）重复式。指的是我们使用同样的字、词、句，让它们在一句话中重复出现。比如同样的字：自律给我自由。你看，这里的"自律"和"自由"中有相同的字眼，同时这两个词放在一起，又是统一而有逻辑的。我们就可以仿写出：付出行动才能获取感动，或者状态不行就出门旅行。

比如同样的词语：改不了加班的命，那就善待加班的胃。这里面出现了两次"加班"，同样的句式如：养鱼的诀窍其实很简单，要么 7 天换一次水，要么 7 天换一次鱼。

比如同样的句式：时间花在哪里，收获就在哪里。那我们同样可以仿写：成长路上的绊脚石，是你成功路上的垫脚石。

（2）回环式。指的是两句话中的主要元素顺序调换使用，比如：你不理财，财不理你。这就是一句很典型的回环式金句，而且这句话的"理"用的特别精妙，四个字的顺序对调就产生了一个新的意思，可以说是回环句中的上品。

我们可以仿写出一些回环式金句，比如：伟大的对手，成就对手的伟大；不是现实支撑了你的梦想，而是梦想支撑了你的现实；普通的改变，将改变普通。

（3）押韵式。近年来一些说唱选秀节目崛起，越来越多的人看到了押韵的魅力，押韵的句子越多，整体感觉就会很流畅，读起来朗朗上口。比如：走过一些弯路，也好过原地踏步。这句话中，"路"和"步"押了"u"的韵脚，听起来就很顺畅。

那我们就可以仿写成：明明习惯了孤单，为何还如此贪恋温暖；生活不易，全靠演技。

（4）对比式。对比式和我们写标题时使用的对比差不多，把有反差的两件事放在一起进行比较，从而产生矛盾冲突，引发用户去思考。比如：小孩才分对错，大人只看利弊。这句话中有两个对比，一个是"小孩"和"大人"，一个是"对错"和"利弊"，这样的矛盾展开，也就随之引发用户的思考。

那我们就可以仿写成：文章写不出来怎么办？停止书写，疯狂看书；真心的秘诀就是对自己小气，对别人大方。聪明人装傻，那叫大智若愚；傻瓜装聪明，那叫自欺欺人。

（5）名言式。我们知道，名人名言可以增加我们的可信度，我们也可以利用名人名言就行一些适当的改编，比如：黑夜给了我黑色的眼睛，我却用它来翻白眼。是不是一下子就能感觉到博主的幽默？看到前半句的时候，很多人在心里都想到下一句"我却用它寻找光明"，然后当看到后半句的时候收获了惊喜。

那我们就可以仿写成：如果你看到前面有阴影，别害怕，那是你的背后有我们。或者：生存还是毁灭，你选一个吧。

（6）类比式。把一些比较虚无缥缈的概念，用一些人们日常生活中常见的事物进行类比，帮助用户更好地进行理解。比如：人生如酒，越来越有味道。"人生"是一个很大很空泛的词，直接讲人生如何用户会比较难理解，这个时候把人生比喻为"酒"，用户也就理解了。

那我们就可以仿写成：幸福就是猫吃鱼，狗吃肉，奥特曼打小怪兽。你眼前的挫折，是你迈向成功的垫脚石。家不是沉重的大山，而是你梦想的港湾。

（7）排比式。排比式是把结构相同或者相似、意思密切相关、语气一致的词语或者句子成串地排列出来的一种写作手法。比如：不忘初心，不失信仰。这句话中"不忘"和"不失"意思相近，"初心"和"信仰"密切相关。

那我们就可以仿写成：向往的生活，有你，有我，有梦。做人要有气度，事业要有深度，爱情要有浓度。我们要有"等不起"的紧迫感，"慢不得"的危机感，"坐不住"的责任感。

（8）设问式。和标题一样，通过提出问题，并给出引导答案的方式让用户产生思考。比如：为什么你宁愿吃生活的苦，也不愿意吃学习的苦？从这句话中可以看出来，作者的观点很明显。

那我们就可以仿写成：什么是自由？自律就能给你自由。为什么你宁愿晒黑，也不选择防晒？想要得到，为何不先付出？

（9）数字式。我们知道，使用数字可以提高句子的可靠性，我们在金句中也可以使用。比如：30岁之前，1天的时间很长；30岁之后，1年的时间很短。

那我们就可以仿写成：幸福，是一屋两人三餐四季。或者：没有十拿九稳的把握，就不要三心二意的准备。又或者：100次的思考，比不上一次的行动。

（10）固定式。就是指有很多固定的句式，就像我们以前造句一样，把自己想要写的套进句式就可以了。固定的句式有很多，我们看一下最常见的几个：

越……越……：比如越付出，越得到。或者越努力，越美丽。

最……是……：比如最好的幸福，是把一个人记住。

要么……要么……：比如要么出众，要么出局。

只有……才能……：比如只有先改变自己，才能改变别人。或者只有懂得爱自己，才能学会爱别人。

……比……更……：比如有时候，选择比努力更重要。

以上就是一些写出金句的方法，我们可以多加练习，同时多留意别人都有哪些好的金句，可以摘抄下来去学习和参考，这样你的金句就能越写越好。

8. 笔记排版美化全攻略

现在我们掌握了笔记的写作技巧，当你灵感涌现的时候，难免写出来的文字较多，这个时候，如果只是单纯地把文字堆叠在一起，用户的视觉感受会比较差，因此，我们要掌握笔记排版的美化技巧，让我们的笔记看起来更加赏心悦目。

我们先来看一下这篇笔记，如图 3-11 所示，可以看到这是一篇字数很多的笔记，看起来会感觉很累，因为文字不仅很多，而且中间没有明显的分段，密密麻麻的字让人不太想继续看下去。

要知道，就算是一篇内容很好的笔记，没有好看的排版，一样会流失很多的用户。所以为了避免用户看我们的笔记体验不佳，我们要好好给笔记进行排版。

（1）给段落之间加入空行

如图 3-12 所示，可以看到，这也是一篇文字很多的笔记，但是它每段文字中间都会加入一个空行，这样整篇文章就显得简洁很多。加入空行的方法很简单，只需要在输入完一段文字之后，在文字的末尾输入两次回车，就能出现多一个空行了。

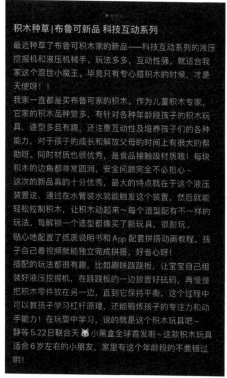

图 3-11

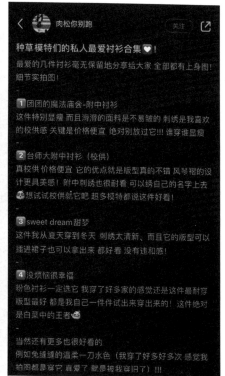

图 3-12

（2）控制每段文字的字数

一般来说，一段文字显示为 3~5 行在观看体验上会比较好，所以我们可以在输入的时候，大概控制在 70~100 字左右，显示出来的就是 3~5 行。

（3）适当增加表情图标

在笔记中适当加入表情图标，不仅可以把情绪表达出来，同时还可让整个版面看起来更加活泼自然。那么，表情如何添加呢？如图 3-13所示。

在我们输入正文内容的时候，在键盘的上方有一个"表情"按钮，点击即可看到有很多表情图标可供选择，如图 3-14 所示，这里有小红书专属的一些表情图标，也有很经典的大家很熟悉的 emoji 系列表情图标。选择合适的进行添加即可。

图 3-13

图 3-14

当然，要提醒你注意的是表情图标只是用来辅助的，一旦用多了反而会适得其反，造成页面的凌乱。如图 3-15 所示，一眼看下去，就是一堆文字和一堆表情图标凌乱地挤在一起，用户根本没办法快速获取想要的信息。

（4）适当加入分割线

有些时候，我们笔记的段落和段落之间可以通过分割线的方式来表现划清界限，表示段落所覆盖到的相关部分，如图 3-16 所示，这是一篇关于耳环的种草笔记，在笔记中用了六个心形的表情图标来作为分隔线，分割线以上是耳环的各种介绍信息，分割线以下是一些话题的关键词，和内容关系不大。

图 3-15

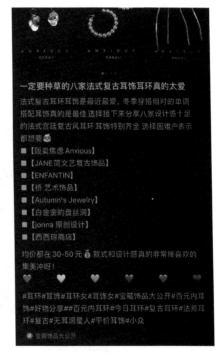

图 3-16

其实在图 3-12 中，段落和段落之间也有一个小小的分割线，也是一个不错的方法。

（5）适当加入序号或者重点标识

很多笔记内容，尤其是种草型的图文笔记，往往都包含了很多描述性的文字，这个时候只用以上几种方式，没办法突出重点，用户也就没办法第一时间获取到更有用的信息。所以这个时候，我们可以加入序号或者重点图标来凸显出笔记中的核心内容。

如图 3-17 所示，可以看到，这是一篇旅游攻略，笔记中有三个圆圈，分别是"关于防疫""关于天气"和"首刷三亚经典路线"，用户看到以后能第一时间获取这篇笔记的重要信息。

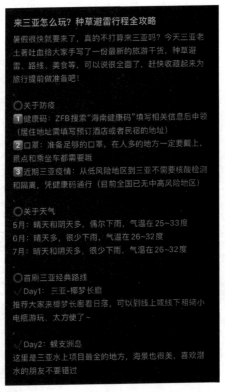

图 3-17

其次，在关于防疫的内容中，还分为了三个方面进行描述，可以让用户清晰地知道做好防疫有哪些准备工作要去完成。

虽然每段文字都不长，但相关的内容都放在一起，三个红圈之间加了空行，其余的段和段之间只是简单地换行，因为每段都很短，所以这样排版也是很好看的，可以说这是一篇排版的样板，我们在输出笔记的时候，都可以参考这篇笔记去进行排版。

不管是图文笔记，还是视频笔记，都尽量做好排版工作，以提升用户阅读的流畅感和获得感。

第四节
如何巧妙使用关键词获取流量

在本书中，我们多次强调关键词的重要性。关键词除了在用户搜索的时候能快速匹配相关内容以外，还可以帮助用户更好地了解我们的账号方向和内容定位。那么如何用好关键词去帮助我们获取流量呢？

1. 如何筛选出关键词

在第一章的图 1–1 中，我们可以看到，小红书平台默认的这些兴趣标签，就是我们可以选择的内容方向，而笔记的关键词也会随着兴趣标签的确定而确定。

比如我们选择了美食这个兴趣标签作为账号定位和内容方向，那么接下来我们就应该从美食这个领域去找到相应的关键词。在筛选关键词之前，我们需要了解一下选择关键词的两个原则，分别是锁定领域和用户认知。

锁定领域指的是我们选出的关键词，能够让用户在看到的时候就能判断出我们笔记的领域或者行业，尽量避免比较空或领域比较大的关键词。比如对于美食来说，夜宵是一个关键词，而且用户一看就知道是跟美食相关。但如果关键词是"性价比"，用户就没办法第一时间判断出笔记所属的领域。这个时候，如果你觉得"性价比"是一个必须用的词，那么就要携带一个能判断领域的关键词一起用，比如"夜宵 性价比"，这样的关键词搭配组合就能产生更好的效果。

这里的用户认知指的是我们选出的关键词，尽量是用户平时就会使用的词语。尤其是一些专业领域会用到的专有名词，要尽量少出现，或者搭配出现。比如我有个朋友做短视频，用的关键词是"运动康复"，这就是一个很专业很小众的词，一般用于高强度运动留下的后遗症的一些康复行为，普通人一般不会涉及，用户不会搜索这个词，看到了也不能马上理解。这个时候，我们就可以用"健身 运动康复"这样的关键词搭配使用，才能产生比较好的效果。

我们就可以利用这两个原则快速筛选关键词。比如我们的定位是"穿搭"，那么除了"穿搭"这个词是关键词以外，还有哪些关键词呢？

方法一：我们可以打开小红书，在搜索框中输入"穿搭"，点击开始搜索，就可以看到在笔记的上方有一行关键词小字，那些就是和穿搭相关的词语。如图 3-18 所示，可以看到系统给出了 2021 年夏天、夏季、高级感穿搭、穿搭博主、极简穿搭、日常、设计感穿搭、干净温柔、潮牌、气质、秋冬、氛围感穿搭、通勤、高街穿搭等，这些关键词是系统根据用户平时的搜索以及浏览的大数据进行匹配的，所以我们可以单独或者搭配使用。

图 3-18

　　方法二：同样在小红书搜索框中输入"穿搭"，先不点击搜索，你会看到系统在下方直接给出了很多和穿搭组合的关键词，如图3-19所示，可以看到有穿搭女夏、穿搭微胖、穿搭小个子、穿搭男、穿搭博主推荐、穿搭韩系、穿搭酷、穿搭技巧等，这些关键词我们可以直接使用。

　　方法三：参考别人用了哪些关键词，同样在小红书里上搜索"穿搭"，在结果中选择"最热"，然后点开一些点赞很高的笔记看它的正文部分，你就能找到很多穿搭相关的关键词，如图3-20所示，可以看到在笔记的末尾有很多关键词，比如春日穿搭、日式穿搭、甜系穿搭、甜辣穿搭、减龄穿搭等，这些词也都是可以用的。

图 3-19

图 3-20

2. 如何判断哪个关键词流量更高

通过以上三种方法，我们不难发现，每个领域都有很多关键词，那么问题来了，就以穿搭为例，有那么多关键词，不同的词因为用户搜索和使用的次数不一样，它所包含的潜在流量也会不一样，我们该如何判断并选出那些流量较高的关键词呢？

首先，我们可以拿个本子把关键词都列出来，然后把每个关键词分别输入到搜索框中，去看它所包含的笔记数量。如图 3-21 所示，可以看到"穿搭"这个关键词下包含了 1000 多万篇笔记，而"穿搭微胖"下则包含了 28 万篇笔记。笔记数量越多，一定程度上反映了用户的需求越大，潜在的流量也就越大。

图 3-21

我们可以用同样的方法去获取每个关键词的笔记数量，按照从多到少排序，你就知道哪个关键词的流量更高了。

3. 如何巧妙地使用关键词

现在我们获取了关键词，也知道了这些关键词的对应流量，那么该如何去更好地运用它们，帮助我们的笔记获取到更多的曝光呢？

我们要明白，小红书的流量主要有两个来源，一个是系统的推荐，一个是用户的搜索，这两者其实都是关键词的匹配。当用户的搜索行为比较少的时候，系统根据用户的兴趣标签以及浏览习惯进行内容的推荐，这个过程其实就是关键词的匹配。

而当用户对于要看的内容有比较清晰的方向的时候，就会通过搜索关键词来获取内容，这个时候系统就能更加清楚地知道用户的兴趣，从而给出更多精准的内容推荐，形成良性的内容推荐循环。所以我们使用关键词，就是为了让用户能搜索到，让系统能匹配到。

技巧一：多处设置关键词

我们可以把关键词设置在账号名字、账号简介、笔记封面、标题、正文、标签中的各个角落。还是以穿搭类账号为例，在这个领域中，"穿搭"这个词是包含笔记数量最多的词，也就是潜在流量最大的词。那么我们的账号名字可以包含穿搭一词，比如"丸子爱穿搭""甜甜的穿搭日记"等。

在简介中，可以写上类似"每天一个穿搭攻略，从此每次出门不重样"的话，既包含了关键词，又突出了账号的价值。通过美图秀秀或者其他设计软件，把有关穿搭的文字以及相关的元素图片都设计到封面中。此外标题里也尽量提到穿搭，当然，最关键的是正文的部分，这里可以给到很多发挥的空间，这个时候我们就可以让穿搭相关的关键词尽可能多地出现在正文中，在保证内容流畅性的同时，让系统更容易匹配。或者就像图 3-20 一样，在正文的末尾加入很多关键词的排列，也可以最大限度地获得流量。

技巧二：大词带小词

什么叫大词带小词？就是我们知道，"穿搭"属于一个流量大词，而"穿搭 微胖"相对来说流量小了很多。那是不是只用"穿搭"就可以了呢？其实不是的，"穿搭"这个词包含了上千万篇笔记，潜在流量很大，但同时，因为笔记数量很多，所以竞争也非常激烈，对于新手而言，很难在这样的局面下突出重围，分到流量，所以这个时候，我们要学会去搭配组合，找到新的突破口。

比如"穿搭微胖"包含了28万篇笔记，相对"穿搭"来说笔记数量少了很多，也就意味着如果我们做这个选题方向的话，能突出重围的可能性就大了很多，所以这个时候，用"穿搭"带上"穿搭微胖"，两个关键词甚至多个关键词一起使用，用大流量的关键词带小流量的关键词，既保证有潜在的用户流量，同时又能在一个相对于有机会的细分市场获取流量。

技巧三：旧词带新词

还记得我们前面提到的"运动康复"吗？这是一个很多人没听过也不会用的关键词，属于一个"新词"，这种新词随着时代的发展，行业的精细化运营，会越来越多地出现，这个时候，如果我们可以用新词去占领市场，说不定就可以找到一个专属的领域，获取流量。

但问题是这些新词没什么人用，因此也就得不到相应的推荐曝光，怎么办呢？这个时候，就可以用一个用户都很熟悉的词来进行搭配，比如"运动康复"这个新词配一个"健身"或者"运动"，两个或多个关键词搭配出现，既能让笔记获得旧词的潜在流量，又可以利用这些流量来扩大新词的影响力。

如果在此之前，你没有注意过关键词的用法，接下来你就可以好好去运用，你会发现，笔记因此所获得的流量，会比之前明显多，这就是关键词的流量加持。

第五节
笔记什么时候发，多久发一条

现在，我们已经知道如何完成一篇高质量的笔记，接下来就是把它发布出来让更多人看到，那么，笔记是想发的时候就可以发吗？它的发布时间和频率很重要吗？

答案是，很重要。为什么呢？因为在我们做账号定位的时候，就已经确定了用户画像，也就知道了用户的活跃时间，其实是各不相同的。而我们要做的，是迎合目标用户的活跃时间，在他们看小红书的时候，刚好发布新的笔记，这样便于他们第一时间得到系统的匹配和推荐，我们的笔记也才能得到更多的流量曝光。

那么什么样的发布频率更合适呢？也就是说，我们应该隔多久发一条呢？当我们有比较多的经验，可以保证笔记的质量的时候，笔记越多，平台给的流量自然也就越多，笔记成为爆款笔记的可能性就会越大，如果时间和能力允许的话，可以更新频率高一些，比如每天更新一篇，或者2~3天更新一篇。

但如果你还没有足够的经验和能力支撑这么高的更新频率，强行输出会导致笔记的质量下滑，那我们应该忽视数量而先确保笔记的质量，哪怕一周只全力输出一篇笔记，也是可以的。

那什么时间发笔记，是早上还是晚上呢？其实，每个领域或者类别的笔记的发布时间都不一样，那么我们应该如何判断合适的发布时间呢？这里介绍两个方法。

1. 通过用户的活跃时间去判断

首先，小红书的主要用户是18~30岁的女性，这些人要么在高校里，要么职场里，工作日的时候上课或上班，一般说来，每天上午 7 点到 9 点是她们上课或者上班前的时间，中午 12 点到 14 点是午休的时间，18 点下课或者下班之后一直到睡觉前是她们的业余时间。

于是我们可以得出她们可能会活跃的三个时间段，分别是 7:00—9:00、12:00—14:00、18:00—24:00。可能有些人会说，每个人习惯不一样，又怎么能确定在这些时间段她们是活跃的呢？别着急，这三个时间段虽然说比较笼统，但却有参考价值。

我们可以先判断用户大概会活跃的一个时间段，比如我们做的是成长励志号，用户相对来说会比较自律，会利用早起的时间学习一些知识，所以也许早上的时间段会比较合适；比如我们做的是美食号，用户在中午边吃饭的时候边看，一来可以增加食欲，二来也能想一下明天吃什么，所以也许中午的时间段会比较合适。比如我们做的是情感号，到了晚上，用户一个人回到家或者躺在床上的时候，会愿意静下心来去思考一些情感问题，所以晚上的时间段会比较合适。

不用担心自己判断得不够准确，这只是一个参考而已。当你选好了时间段之后，只需要选择一个固定的时间点去发布笔记就可以了。比如你选择的是晚上 8 点，如果是日更，就是在每天晚上的 8 点发布笔记；如果是每周六更新，那就每周六的晚上 8 点发布笔记。

我们按照这个时间点发布至少 10 篇笔记之后，你能收到用户的一些反馈，比如点赞、评论、收藏和关注，如图 3-22 所示，可以看到如果是当天收到的反馈会显示"× 小时前"，如果是前一天收到的反馈，会显示"昨天 × 点 × 分"。比如我的笔记都是晚上 8 点发布，而收到的用户反馈多数是在晚上 11 点左右，这就说明，看到这些笔记的用户在这个时间点更活跃，那么这就是一个更加精准的发布时间参考，我们就可以把发布时间调整到晚上的 11 点，这样就能让笔记在发布的时候第一时间匹配给用户。

图 3-22

但对于我们新手来说，可能发了 10 篇笔记也没有多少点赞和评论数据进行参考，怎么办呢？其实还有一个更加精确的方法，但需要我们多花费一些时间和精力。我们要准备一个表格，如图 3-23 所示，记录的方法是我们为发布的每一篇笔记进行编号，发布之后的 1 小时，记录一下笔记的播放量；发布之后的两小时，记录一下笔记的播放量。以此类推，你会得到很多播放量的数据，相邻的两个数据相减，就能得出某个时间段内增加的播放量。而这个播放量增加得越多，就证明这个时间段内对应的用户比较活跃，我们就可以推断出笔记更合适的发布时间。

笔记编号	一小时播放	两小时播放	三小时播放	四小时播放	……
1					
2					
3					
4					
……					

图 3-23

通过用户的活跃时间去判断笔记的发布时间，是最复杂的一种方法，但也是最适合你的一种方法，因为这样得出来的结论，是根据用户给你的笔记反馈的数据得出来的，只对你的账号有效。

2. 通过参考账号去判断

因为参考账号的账号定位和我们是类似的，所以用户画像也是差不多的。这个时候，参考账号的发布时间其实就可以作为我们发布时间的参考。当然，在选择参考账号的时候，尽量选择那些粉丝体量比较大的、笔记比较多的账号，他们有比较丰富的运营经验，在发布时间上一定不会马虎。

他们的具体发布时间怎么查看呢？和反馈时间一样，我们可以看到昨天和今天两天的具体时间。如果是视频笔记，只要在发布的时候博主填写了正文内容，我们通过点击"展开"正文内容，就可以在下方看到发布时间，如图 3-24 所示，但如果博主没有填写正文，就没办法看到。不过不用担心，一般靠谱的账号，都会填写正文内容来辅助用户获取相关信息的。如果是图文笔记，只要点开笔记，就可以看到笔记的发布时间了。

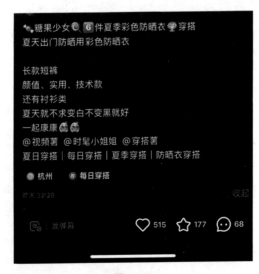

图 3-24

我们可以多看几个同类型的账号，然后选择一个比较集中的时间点去发布笔记就可以了。

第六节
快速入门小红书视频号

1. 什么是小红书视频号

小红书视频号是小红书在 2020 年 8 月 15 日上线的一个账号功能升级，升级的权益包括：第一，平台流量的扶持，可以在图文笔记流量的基础上更上一层楼；第二，创作中心数据查看权限，开通了创作中心，我们可以看到账号更多更详细的运营数据，比如笔记的观看次数、互动次数、7 天和 30 天的流量情况、观看笔记的粉丝画像等，可以帮助我们更加精细化地运营；第三，视频合集功能，有了这个功能，我们就可以把同类型的笔记放在一个合集里，便于用户浏览；第四，可以获得最高 15 分钟的视频时长，这样我们就可以发长视频了。

2. 开通小红书视频号有哪些要求

如果你是小红书站内的作者，那么你需要满足以下四个要求：首先，你需要有至少 500 个粉丝；其次，你需要发布一篇长度超过 1 分钟的视频笔记；再次，你需要完成平台的实名认证；最后，账号不能有违规操作。满足以上条件，就可以申请开通小红书视频号了。

如果你是小红书站外的作者，那么你需要满足以下任意一个要求：在 B 站至少有 5 万名粉丝、在西瓜视频至少有 10 万名粉丝、在 YouTube 至少有 10 万名粉丝、在抖音至少有 50 万名粉丝、在快手至少有 50 万名粉丝、在微博至少有 50 万名粉丝。只要满足其中一个，就可以申请了。

3. 如何申请开通小红书视频号

如图 3-25 所示，在小红书搜索框中输入"小红书视频号"，在弹出的结果中点击"去报名"，然后填写相关的资料并提交申请，审核通过之后就可以开通小红书视频号了。

4. 如何查看小红书视频号的作者标识

申请成功之后，我们如何知道自己的账号已经升级为了视频号呢？有没有什么标识呢？有的，打开我们小红书的个人主页，点击右上角的三条横线，找到"创作中心"，在头像的下方可以看到红色的"视频号"标识，就证明小红书视频号升级完成，如图 3-26 所示。

图 3-25　　　　　　　　图 3-26

5. 如何找到小红书视频号的升级权益

升级完成之后，我们就可以享受小红书视频号的各项权益了，平台给的流量扶持，是会在我们发布视频之后自动给到我们的，不需要我们再进行任何其他的操作。

（1）创作中心

打开个人主页，点击右上角的三条横线，就可以找到创作中心。在创作中心里，可以看到笔记的详细数据，比如视频播放、图文阅读、视频号助推奖励、互动、点赞、收藏、评论、分享以及视频播放趋势，当然，我们还可以看到单篇笔记的数据表现以及用画像，如图3-27所示。

而其他的升级权益都可以在创作中心的页面中找到，如图3-28所示，我们一一来讲解一下。

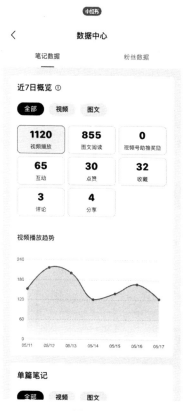

图 3-27

图 3-28

（2）视频合集

视频合集可以把同类型的视频笔记汇总在一起，并且显示在账号主页上，这样就方便用户根据自己的需要去选择感兴趣的主题。举个例子，如图 3-29 所示，可以看到在这个账号的笔记列表的上方有两个合集，一个是"秋冬韩式穿搭"，一个是"高中带货王选手合集"。

如果我们对韩式穿搭感兴趣，就可以点击第一个合集进入，可以看到这样的合集页面，如图 3-30 所示，这里就有博主归类好的一些视频笔记。

图 3-29

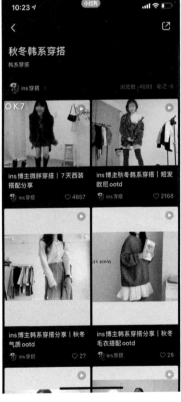

图 3-30

那么如何创建合集呢？在创作中心找到"视频号特权"，其中就有一个"创建合集",点击即可开始创建,如图 3-31 所示,我们需要填写合集名称以及合集描述,合集名称最多可以输入 10 个字符,而合集描述最多可以输入 50 个字符,填写完成之后点击"保存"。

这个时候会自动弹出添加视频笔记的提示,如图 3-32 所示,在下方的笔记列表中勾选相应的笔记,然后点击保存即可。因为这个功能叫视频合集,所以只能将视频笔记添加进合集,是没办法添加图文笔记的。

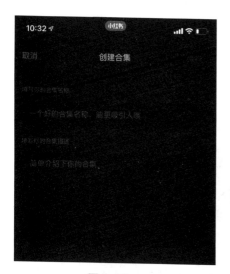

图 3-31

图 3-32

这时回到账号主页你就会发现,在笔记的上方就出现了刚才添加的视频合集,而且还多出了一个"创建合集"的按钮,方便我们快速创建新的视频合集,如图 3-33 所示。

图 3-33

如果我们想要修改或者删除已有的合集，只需要在账号主页中点击任何一个合集，点击右上角的"管理"，即可添加新的笔记或者移除现有的笔记。点击右上角的三个点，选择"编辑合集"，可以修改合集的名称和描述，也可以点击下方的删除直接删除该合集。

（3）15分钟长视频

在没开通小红书视频号的时候，我们发布的视频笔记最长只能是5分钟。如图3-34所示，在选择视频素材的时候，素材总时长为14分钟，系统就会提示最长选取时长5分钟，其余的内容得不到展示。而开通了视频号之后，就可以发布时长最长为15分钟的视频了。

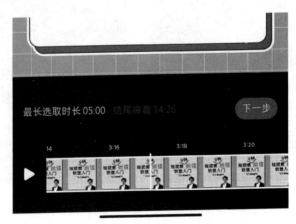

图 3-34

发布15分钟视频的方法有两种，一种就是跟往常一样，在首页下方点击红色加号按钮进行视频发布。还有一种是可以登录 www.xiaohongshu.

com，在上方菜单中找到"创作者服务"，里面就有一个"视频上传"，点击就可以上传视频了，如图 3-35 所示。

图 3-35

不过我们要知道的是，并不是视频越长就越好。有些人会有这样一个误区，觉得平台开放越来越长的视频权限是一个福利，但其实在我看来，这其实是挑战。一篇合格的笔记，是用户愿意看完的笔记，而当你的视频越长，用户会看完的可能性其实就会越小。

所以我们在开始的时候，应该先输出短一些的笔记内容，先想方设法让用户愿意看完，当他们开始觉得意犹未尽，看了还想看的时候，我们就可以逐渐地增加视频时长了。

（4）视频章节

我们在线追剧的时候，可以看到在视频下方的进度条上有几个小白点，鼠标指上去可以看到一个小标题，提醒你那个时间点是什么剧情，这就是视频章节的功能，现在我们开通了小红书视频号，也可以在视频进度条上添加章节，并且可以将章节时间和章节名称一键同步到正文中，便于用户能更快地找到自己感兴趣的内容。添加视频章节的方法如下：

如图 3-36 所示，在我们编辑视频笔记的时候，可以看到在右边的选项中有一个"章节"，点击就会进入章节的编辑页面。章节编辑和添加字幕类似，我们可以把白色的竖线对准我们想要添加章节的位置，选择"添加章节"，然后输入章节名称，每个章节名称最多可以输入 14 个字符。

输入结束后，点击对号确认操作，视频的时间轴上就会多出一个白色的小点，这就是完成了一个视频章节的添加，如图 3-37 所示。有一点要注意的是，5 秒内只能添加一个章节，也就是说如果一个章节的时间点是第三秒，那么在第八秒之后才可以添加下一个章节。

图 3-36

图 3-37

添加完所有的视频章节之后，点击右下角的对号确认即可。这个时候，在发布笔记的页面添加正文的地方，多了一个"章节"选项，如

图 3-38 所示。

点击章节，可以看到我们刚才添加的视频章节的时间点和章节名称，如图 3-39 所示。

图 3-38

图 3-39

如果我们想在正文中也呈现这些信息，只需要点击"同步"即可。同步之后，在正文中就会这样展示，如图 3-40 所示。

图 3-40

视频发布成功之后，可以看到在视频进度条上有三个小白点，就是我们刚才添加的三个视频章节，手指点上去会显示视频章节的画面、标题以及时间点，如图 3-41 所示。

在正文中，我们也可以看到有三个蓝色的时间，点击任何一个，都会马上跳转到相应的画面，如图 3-42 所示，这样是不是观看视频的体验感好了很多呢？

图 3-41

图 3-42

第七节
薯条高性价比推广全攻略

在内容为王的时代，我们只要努力把内容做好，流量也许会迟到，但不会缺席，所以我们要做的，就是扎扎实实把内容做好，服务好每一个用户。不过，的确存在着一个工具，可以给我们的笔记带来更多的流量，这就是薯条。

1. 什么是薯条

薯条是小红书笔记的一种流量推广工具，可以通过固定曝光下的流量反馈，帮助你找到笔记的优化方向。

和商家用到的信息流广告不一样，薯条只是单纯给笔记带来更多的曝光，并不会出现广告相关的字样，也不设定固定的呈现位置。

2. 如何申请开通薯条

如果你做的是企业号，已经进行了企业认证，那么只需要在个人账号主页左上角的三条横线中找到"企业号中心"，在"营销转化"中选择"薯条推广"进行申请即可。

如果你做的是个人号，需要同时满足以下两个条件就可以开通了：一是至少要有 500 名小红书粉丝，二是至少发布两条笔记。满足这两个条件之后，在笔记右上角的三个点弹出的菜单中，就可以找到"薯条推广"了，如图 3-43 所示。

图 3-43

3. 为什么有的笔记不能用薯条推广

也许你开通了薯条推广，刚想试试这个新功能的时候，发现你的笔记无法进行薯条推广，就像这样，如图 3-44 所示，系统可能会弹出一些提示告诉你该条笔记无法推广，让你选择其他笔记。

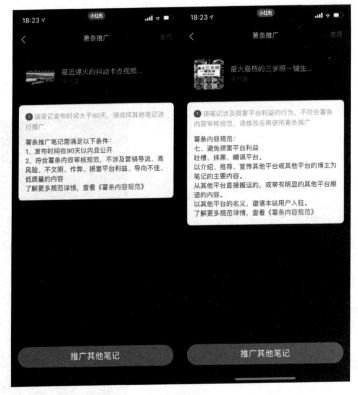

图 3-44

原来，使用薯条推广是有一定的要求的，我们来看一下，什么样的笔记是不能进行薯条推广的呢？

（1）发布时间超过了 90 天的笔记；

（2）发布之后没有公开，选择了仅自己可见的笔记；

（3）包含营销行为的笔记，比如绑定店铺、商品，或包含商品报价、促销活动等诱导用户购买的内容；

（4）盗用、搬运他人的图片和内容，或直接使用网络公共素材来进行个人体验分享的笔记；

（5）利用虚假/夸张的效果图或文字描述来进行产品宣传，误导或欺骗用户的笔记；

（6）包含个人联系方式或者其他平台相关信息的笔记；

（7）涉及医美整形、功效、两性、金融产品等高风险内容的笔记；

（8）包含不文明行为、不友善内容的笔记；

（9）通过非官方渠道购买流量、参与互粉互赞群或利用虚拟设备进行笔记数据篡改行为的笔记；

（10）损害平台利益的笔记，比如吐槽抹黑小红书，或者以推荐其他平台为主的笔记。

只要我们避免了以上的这些内容和行为，就能进行薯条推广了。接下来我们就来看看如何使用薯条进行推广。

4. 薯条推广快速入门

点击笔记右上角的三个点，在弹出的菜单中选择"薯条推广"进入设置页面，如图 3-45 所示，需要设置的有：期望提升的方向、预计推广时长、启动时间、推广人群、投放金额。

（1）期望提升

期望提升包括笔记阅读量/视频播放量、粉丝关注量、点赞收藏量以及直播间观众量。如果是图文笔记，系统默认的是笔记阅读量，如果是视频笔记，默认的是视频播放量。你可以根据自己的需要选择其他几个，不过一般来说没有特殊情况都推荐选择默认的，因为阅读量和播放量是一篇笔记从曝光到被点开看的一个重要表现。

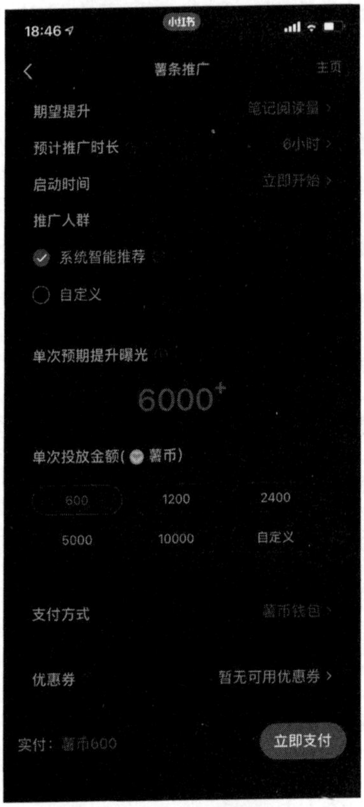

图 3-45

说到这里，我们要解释一下"曝光"和"播放量"的区别，不少人还不会区分两者。曝光指的是展示给用户，比如我们打开小红书的时候看到的推荐页中的各种笔记列表，我们搜索某些关键词之后显示的笔记列表以及每个话题专题页下的笔记列表，这些都只是展示位，也就是"曝光"，用户如果只是看到笔记的封面而没有点进去看，是不会增加任何播放量的。只有当用户被吸引了，点开封面去看笔记的详细内容的时候，才产生1个播放量。所以用薯条的时候，选择默认的播放量，大多数情况下都能看到笔记内容的质量以及优化方向。

（2）预计推广时长

预计推广时长指的是你打算用多长的时间花完你投放的金额。系统默认是 6 个小时，你还可以选择 12 个小时和 24 个小时。一般来说没有特殊情况也是选择默认，在我看来，时间跨度越大，用户画像可能就会越不精准。当然，不排除有些账号类型就是全时段都适合的，比如搞笑类、读书类等，用户全天空闲时间可能都会去看的时候，也可以选择更长的推广时长。

（3）启动时间

启动时间也就是你想要开始推广的时间，系统默认是立即开始，支付成功并在审核通过之后就会开始生效。你也可以根据自己的需要去设定开始时间，最长可以设置到 3 天之后的 23 点，这样便于你提前进行一些推广策略的布局，避免出现突发事件耽误投放的情况。

（4）推广人群

推广人群有两个选择，一个是系统智能推荐，系统会根据用户的浏览情况、兴趣标签等元素进行匹配推荐；一个是自定义，包含四个方向的设定，分别是性别、年龄、地域和兴趣。

在性别的选项中，可以只选择男性，或者只选择女性，当然也可以选择不限。年龄有小于 18 岁、18~22 岁、23~27 岁、28~32 岁、大于 32 岁这几个选项，我们可以单选和多选，也可以选择不限。可以看到年龄层分得很清晰，基本可以分为大学以前、大学期间、刚入职场、结婚生子这几个阶段，我们可以根据自己的用户画像进行选择。

地域的选项也是多选，我们可以选择默认的全国，也可以勾选自己想要的城市，比如我们是以一家网红咖啡店作为主要元素的美食种草号，那么目的肯定包含了希望用户来到线下来消费。这个时候我们就可以选择自己所在的城市以及周边的城市作为推广方向。

兴趣的选项和我们一开始进入小红书里选择的那个类似，有时尚、美妆、出行、家装等关键词标签，如果这里面有我们的内容领域，那么就可以直接选择。当然，你还可以根据对用户的了解，进行相关性的兴趣猜测，比如旅行可以和美食、摄影等相搭配，而宠物可以和生活、摄影、时尚相搭配，可以最大限度地扩充我们的潜在用户。

（5）投放金额

小红书的投放金额单位是"薯币"，不能直接用钱去投放，必须先进行薯币的充值，然后再使用薯币进行投放。6 元钱可以兑换 42 薯币，也就是 1：7。系统给出了 600 薯币、1200 薯币、2400 薯币、5000 薯币和 10000 薯币的投放选项，当然我们也可以根据需要进行自定义，自定义的金额为 500~500000 薯币，也就是说小红书每次投放至少是 500 薯币，第一次投放充值至少需要花费 74 元。

（6）投放循环

投放循环指的是每天都进行同样金额的投放，可以选择的循环天数为 2~10 天，比如我们选择每天投放 600 薯币，选择循环 10 天就一共要支付 6000 薯币。当然，循环的投放方式适合流量很大的账号，我们在刚开始起步的时候还不会用到，所以先简单了解一下。

5. 薯条效果监测和分析

投放了薯条推广之后，我们需要看懂各种数据，才能帮助我们优化账号的内容方向以及接下来的投放策略。当我们的单次薯条推广完成之后，会产生以下的数据，如图 3-46 所示，这是一篇图文笔记在投放 500 薯币之后的表现，一共带来了 5051 次的笔记曝光展示，获得 1411 次的阅读量，点赞数为 55，收藏数为 14，评论数为 1 个，打开个人账号主页 98次，新增粉丝 15 人。

图 3-46

我们在一开始进行投放的时候，尽量使用表格来记录投放后的数据表现，虽然我们有很多参考账号，网上也有不少投放案例，但每个账号每篇笔记的投放结果都可能是不一样的，我们只有自己去进行数据的分析，才能找到更适合自己的优化方向。

在设置的时候，一共有六个项目，如果我们想要测试其中一项，就必须保证其余的五项都是一样的，得到的结果才有对比的价值。比如我们想测试投放 6 小时和投放 12 小时之间的差别，那么除了投放市场以外，两次投放的其他选项都要保持一致，然后利用表格去记录两次投放的数据结果，通过多次结果的反馈来确定到底什么样的投放时长更合适。

6. 薯条推广的投放技巧

薯条推广用得好，可以事半功倍，帮助我们更快地获得更多的流量。这里给出几个投放的小技巧，可以在投放的时候适当地用起来。

（1）投放自然流量表现不错的笔记

新手投放常常会有个误区，就是哪篇笔记没流量就投哪篇，但这恰恰是错误的，为什么呢？因为小红书是一个很公平的平台，好的笔记内容是可以得到平台的更多流量的，所以如果自然流量表现得不好，只能说明笔记的内容质量还不够好，这个时候，用了薯条推广不仅不能提升笔记的内容质量，反而会让更多的人看到这个笔记，却无法转化出更多的互动数据，那又有什么用呢？

所以正确的方法是，在自然流量下表现得好的笔记，就是我们应该进行薯条投放的对象。好的笔记会因为薯条推广的加持，带来滚雪球的效果，让笔记快速成为爆款。

（2）在发布后的三天内投放

一篇笔记在发布之后，如果自然流量表现还可以，在三天内进行投放是比较好的时机。补充一下，如何判断笔记的自然流量还不错呢？我们可以在前期记录笔记的播放量，这样你对于笔记所能获得的流量数据大概会有一个认知，而当一篇笔记的数据在短时间内比较突出时，就值得我们去关注。

比如我们平时的笔记发布之后每天播放量在 200 左右，但某天的笔记在发布 1 小时之后就达到了 500，那么这就是一个自然数据表现好的例子，三天之内都可以选择给它进行薯条投放。

（3）对于以前的爆款，可以尝试删掉重发

如果你曾经输出过爆款笔记，那说明笔记的内容质量是过关的，是受用户欢迎的，而如果当时你并没有进行薯条推广的话，那就可以把这篇爆款笔记删掉，重新发布，然后加上薯条的加持，说不定可以再创新高。

这里要提醒你注意的是，在小红书上删掉旧的笔记重新发布，是不会影响账号的权重的，这一点你可以放心。

（4）小而多地投效果更好

我们知道，薯条推广每次至少 500 薯币，那么如果我们有 5000 薯币，是一口气投完好呢，还是分开，一小份一小份地投？我的建议是分开，小而多地投。比如我们之前是 5000 薯币投 24 小时，现在我们可以把它分成10 次投放，每次 500 薯币投 6 小时，这样做的好处是便于我们更快地获得投放结果，从而对投放策略进行快速的调整。

比如我们第一次投了 500 薯币之后发现，笔记的点赞量比以往增加得更快，那就意味着这篇笔记很容易获得用户的点赞，而点赞量越大就可以让笔记得到更多的曝光，从而像雪球一样越滚越大。所以这个时候，我们应该把"期望提升"改为"点赞收藏量"。而如果我们发现用户浏览我们的主页或者关注的数量有明显的增加，就可以把"期望提升"改为"粉丝关注量"。

第四章

你的账号可以这样变现

本章就是最令人期待的变现部分了，按照前面的内容一步步做下来的话，相信我们的笔记流量已经有了明显的升高，粉丝也开始快速地积累起来，那么接下来，也到了我们该去了解怎么变现的时候了。

第一节
如何做出你的第一篇带货笔记

带货，在小红书上分为两种，一种是"好物推荐"，一种是"薯店"。好物推荐指的是在笔记或者直播中插入商品卡片进行带货，如果用户通过商品卡片购买了商品，创作者就可以从中获取相应的佣金。这是一种纯靠小红书平台流量变现的方式，好处在于你完全不需要有自己的店、自己的产品和自己的库存，只需要找到那些和自己账号定位相关的商品，制作相关的种草笔记，就可以利用账号现有的流量转化成交，获取佣金收益。缺点在于带货成功后，你拿到的只是商家分给你的佣金，一般都是商品价格中的小部分。

薯店指的是创作者在小红书上开通电商小店，然后通过在笔记或者直播中插入商品的卡片进行带货，从而赚取收益。和好物推荐的区别在于，薯店是自己的电商小店，所以商品上下架、库存、价格设置、佣金设置等都需要自己来把控，对于商品有更强的掌控力，可以根据实际情况随时进行调整，不仅在卖出商品的时候可以拿到商品价格的绝大部分，同时还可以让其他网红达人帮你去带货，而你只需要给他们分佣金即可。

1. 如何开通带货功能

好物推荐和薯店都有两种开通方式。第一种，点击个人账号主页左上角的三条横线，选择"创作中心"，拉到最下面，可以看到有个"商业合作"栏目，如图4-1所示，点击"带货"即可申请好物推荐功能，点击"薯店"即可申请薯店功能。

图4-1

第二种，点击个人账号主页左上角三条横线，在弹出的页面中选择左下角的"设置"按钮，找到"功能申请"，点击"好物推荐"进行功能申请。

2. 小红书带货的账号条件

好物推荐和薯店的申请条件都是一样的，需要同时满足实名认证和不少于1000个粉丝两个条件，满足后即可申请开通。薯店开通之后，在个人账号主页中还会显示商品橱窗，方便用户更快速地进入商品列表中，提高成交转化率。

入驻薯店可以选择个人店铺或者企业店铺两种形式，个人店铺需要缴纳1000元的保证金，每个月的售卖额度是有上限的，而且商品的类型也会有相应的限制。而企业店铺会根据商品的类目缴纳不低于1000元的保证金，没有售卖额度上限，同时还可以售卖多种商品类型。平台对于企业店铺会有5%的抽成，对个人店铺没有抽成。

3. 小红书带货的方法

当我们申请开通了"好物推荐"之后，就可以点击"创作中心"，找到"好物推荐"，进入"我的选品中心"进行选品。建议根据账号定位选择匹配的商品进行推荐。比如我们做的是零食种草号，就可以选择各种零食进行推荐，而不要选择面膜、毛巾等不太相关的商品。所以我们可以点击"专属推荐"来进行商品搜索，这样搜索出来的商品、品牌或者商家就都是和我们的领域相关的了。

申请开通薯店之后，我们可以直接通过个人账号主页的商品橱窗进入店铺，然后进行商品的上下架操作，发布笔记的时候，只需要选择橱窗里的商品即可关联带货。

4. 商品成功销售之后平台如何结算

使用好物推荐的创作者当月完成的订单会在下个月的 10 日前完成个税的代扣，然后通过小红书 App 的钱包来领取，领到之后就可以提现了。如果是机构号，则需要在每个月的 10 日之前提交合法有效的增值税发票，发票开票的金额为上个月的带货总收益，小红书平台会在收到发票后的 5 个工作日内进行收益的结算并且汇款。

使用薯店的创作者订单是按照用户确认收货的时间进行结算，每个月结算两次，第一次是在每个月 15 日之后的 3 个工作日内出账单，第二次是在月初的第 5 个工作日出账单，商家在店铺后台系统中确认账单后操作。如果是个人店铺，则可以直接提现到个人账户，如果是企业店铺，则需要打款到企业的对公账户。

第二节
如何玩转品牌合作笔记

除了好物推荐和薯店，还有一种带货方式是品牌合作笔记。

1. 什么是品牌合作笔记

品牌合作笔记是被小红书官方认可的，可直接使用品牌合作平台，通过发布合作笔记的方式与品牌进行商业合作。在呈现方式上，在品牌合作笔记的下方会显示"品牌合作"字样，如图 4-2 所示。

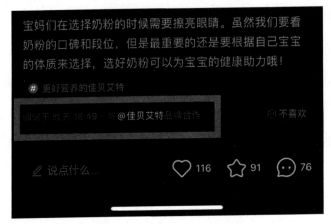

图 4-2

2. 品牌合作的申请条件

相对于普通的带货而言，品牌合作的要求会稍微高一些，除了必须完成实名认证以外，还需要有不少于 5000 名小红书粉丝，然后登录蒲公英平台，选择创作者的身份进行申请。

申请完成之后，需要登录蒲公英平台填写报价，报价每个月可以修改两次，如果没有完成报价，是得不到蒲公英平台的展示的。那么如何设置报价呢？我们需要至少选择图文合作或者视频合作中的一项，然后根据自己笔记的具体数据，结合自己的实际运营情况完成报价，这样才能更容易获得合作匹配，合作的概率也才会更大。

在品牌方选定了你作为意向合作作者之后，就会向你发送合作邀请，你收到邀请之后，可以根据自身的实际情况选择接受或者拒绝，但不管你做出什么样的选择，都必须要在 72 小时内做出决定，否则系统会自动默认为你是拒绝的。为了保证双方更顺畅地进行合作，可以在确认合作之前利用私信进行充分的沟通，所以我们在申请了品牌合作之后，也别忘了多注意私信。

3. 品牌合作的权益

开通了品牌合作笔记功能，不仅可以获取官方的推广资格，更好地利用流量进行变现，同时该功能还提供了更强大的数据分析工具，帮助你准确获取笔记的各项数据，以便更好地做出优化调整。此外，在品牌合作平台，还可以获得更多的展示机会，从而带来更多品牌合作的可能。

4. 如何快速产出优质的品牌合作笔记

在小红书里，平台一直鼓励创作者们进行真实的体验和真诚的分享，用富有创意的内容形式对品牌商品进行个性化的解读，那么我们如何才能解读得更精彩，产出优质的品牌合作笔记呢？

品牌合作笔记说白了就是打广告，我们都知道太硬的广告不仅没有转化的效果，可能还会带给用户不好的观看体验，所以我们要学会"优雅"地打广告。

首先，不管是什么商品的广告，最重要的就是要做到真实。一方面是真实使用的经历，作为笔记的创作者，我们必须要有真实使用或者体验的经历，然后再向用户进行推荐。举个例子，比如我们做的是美妆号，那就可以直接把产品的使用体验呈现出来，比如美白的产品直接抹在左脸上，让用户看到左右两边脸的对比，并且将体验穿插在日常护肤的内容中，不用刻意去强调产品的卖点，就可以达到很自然的产品推广效果。相反，如果我们缺乏产品的使用体验，仅仅是依靠我们的主观判断或者胡编乱造就开始带货，用户是绝对不会买单的。

另一方面，我们要做到客观表达。在介绍卖点的时候，我们不能生硬地照搬产品的硬广，也不能夸大产品效果和伪造产品功效，这样用户是不会买账的，一不小心会在评论区上演在线"翻车"，后果不堪设想。

其次，我们在选择品牌商品的时候，要注意和账号定位之间的契合度。一方面，我们所要发布的品牌合作笔记的风格，和我们以往发布的笔记风格要协调统一，否则就会让熟悉我们的粉丝有一种格格不入的感觉。比如我们平时如果种草的都是一些一线的大牌商品，突然接了一个平价品牌商品的合作广告，那整个账号的调性都会受到影响，同时可能引起对我们满怀期待的粉丝的不满。

另一方面，商品的品类也要相互契合，如果我们需要进行跨界种草，需要把控好这其中的度。比如我们做的是一个母婴类的账号，平时发的都是母婴用品的评测种草，那当我们接到牙线的品牌合作应该怎么办呢？我们就可以拍摄一个家里孩子使用牙线的图文或者视频进行输出，这样就能和母婴品类进行很好的结合。

最后，还有一个加分项，那就是创新和多元。小红书鼓励创作者们用专业的设备制作更加精美的图文或者视频素材，同时也鼓励大家不局限于常见的图文形式，可以多采用剧情、幽默小短片等方式给笔记增加更多的创意。

比如我们接到了护肤品的广告，可以通过视频来介绍自己真实的使用体验，用使用前后的视觉对比来呈现产品的试试效果，这时候以往使用的那些人加产品的简单摆拍可能就不适用了；或者如果我们接到了家电类的广告，那么我们可以考虑融入自己的生活场景进行展示。

当我们完成了品牌合作笔记的编辑之后，在发布页面点击高级选项，在里面找到"品牌合作"，选择"绑定订单"并勾选对应的合作品牌，如图 4-3 所示，然后就可以进入最后的笔记审核流程了。

这时品牌方会在蒲公英平台预览笔记的效果并确认相关的内容信息，如果发现有不足的地方，就可以退回修改，修改完成之后我们再次提交审核，直到双方都满意之后，就可以正式发布品牌合作笔记了。

图 4-3

我们可以在蒲公英平台的"我的合作"中找到自己正在进行的合作订单，也可以点击"查看数据"来获取这篇合作笔记的详细数据。

5. 四招助力品牌合作不翻车

（1）不要通过刷赞、刷评论等方式来进行合作笔记的数据造假，一旦被发现不仅会失去品牌合作的资格，同时也会受到小红书官方的警告惩罚。

（2）不要通过用恶意踩踏竞争对手产品的方式来推荐自己的产品，这种扰乱市场公平竞争的方式是绝对不允许的，也会受到小红书的严肃处理。

（3）选择和账号定位相关性强的广告，这样除了可以强化我们的账号关键词标签以外，还可以增加广告的可信度，提高转化率。品牌方和我们的合作是双向的，他们在筛选我们的同时，我们也要有自己的判断，比如他们的产品是不是真的好用，是不是值得你去评测推荐，品牌方是否能接受你真实客观的评价，双方的时间档期是否匹配等。

作为一个创作者，在做广告的时候，要为用户负责，做好产品的功课是非常基础且重要的，甚至我们可以要求品牌方寄样品过来给我们试用之后再去做决定。虽然这样看起来会有些烦琐，但这些都利于笔记内容的呈现。

（4）不是为自己接广告，而是为粉丝接广告。我们发布的内容其实都是给粉丝看的，那么粉丝就极有可能会购买我们推荐的产品，这个时候如果我们只是为了接广告而接广告，不去考虑产品的品质，不去考虑粉丝的体验，那么当粉丝用到了不好的产品，产生了不好的体验，甚至出现了更加严重的问题时，这样会透支粉丝对你的信任，甚至大面积脱粉。

第三节
如何玩转小红书直播

直播是目前各大平台都争相发展的内容形式，小红书也不例外，而且为了鼓励更多人加入直播的行列，小红书已经把直播功能的申请门槛降到很低，只要完成了实名认证的账号，就可以申请开通了。

1. 如何申请开通小红书直播

点开个人账号主页左上方的三条横线，在左下角找到"设置"，点击"功能申请"，选择"开通直播"即可。

2. 开通直播的权益

开通直播之后，最常见的好处就是我们可以带货变现了，而且如果有才艺的话，也可以通过用户的打赏变现。另外，我们还可以通过直播来强化和粉丝之间的互动交流，提高粉丝的活跃度以及黏性。

3. 直播的准备工作

（1）了解小红书直播的功能

在开通直播功能之后，点击小红书首页下方的红色加号按钮，就能看到直播的入口了，点击进入就能看到直播的设置页面，如图 4-4 所示。在直播之前，需要设置直播的封面和标题。

封面依旧以 3 : 4 的比例呈现，最好选择能突出你的人物设定的高清、美观的图片，让用户产生点击的欲望。比如我们是美食博主，可以选择与美食共同出镜的照片；比如我们是才艺达人，可以选择才艺表演的照片等。

同时，封面要避免出现以下各种情况：着装过于暴露、动作低俗不雅、不文明行为（比如吸烟、喝酒等）、模糊不清、有马赛克、有二维码、有黑边或白边的、使用

图 4-4

非本人的照片（比如别人的网络照片）、纯文字图片、文字呈现不完整或不清晰、营销感强的 Logo 图、产品图、海报图、包含第三方平台的信息。

标题最多可以输入 16 个字符，与自己的直播主题相结合，让用户可以快速获取信息，引发点击进入直播间的欲望。比如你做的是穿搭号，标题可以是 ××× 穿搭分享；比如你做的是美食号，标题可以是网红复古蛋糕教程等。

在直播间权限中，系统默认是所有人可见，也就是当你开播了之后，小红书里的所有用户都可以看到你的直播间。还有一种是仅对被分享用户可见，这样的话只有接收到我们分享链接的用户才能看到直播间。这种方式一般用于某些粉丝福利或者特别行动的场景。

在直播之前，我们还可以根据需要设置美化效果，包括滤镜和美颜，系统给到了镰仓、高级杂志、森系、美式胶片几种滤镜样式可供选择，同时我们还可以进行妆容的优化，以更好的面貌去面对粉丝。

在"更多"里面有"直播公告"和"屏蔽词设置"两个选项，直播公告最多可以输入 50 个字符，可以透露一下本场直播的主要内容和粉丝福利。公告设置完成之后，会向每一位进入直播间的用户进行展示，以便于用户快速了解这场直播的内容和主题，而当我们提前预告了粉丝福利，比如抽奖、连麦等，还能大大增加直播间的人气。

最后，我们还可以设置心愿礼物，心愿礼物是你希望粉丝给你送的直播间礼物，系统默认的是 10 个比心，需要用户花费 10 薯币。当然我们也可以根据自己的需要以及对粉丝的了解进行心愿礼物的更改，选择系统推荐的一些礼物，比如你输入 1314，那么系统就会帮你设置为 1314 个比心，刚好就是 1314 薯币。

（2）直播间的场地准备

要想直播效果好，直播间的准备少不了。我们尽量挑选一个 5~20 平方米的独立空间，保证隔音好，而且没有回声。不要选择纯白色的背景，可以用和账号风格相关的一些色调或者软装布置。

如果我们做的是种草号，可以放置一个展架，把产品陈列在上面，能体现出直播间产品的丰富以及直播间的专业性。有条件的话可以配备一个大的显示屏，同步显示产品的各类信息，帮助用户获得更直观的体验。

如果在直播的过程中我们需要走动，应提前设置好走动的范围，确保直播镜头都能拍摄到。灯光以暖色调为主，推荐环形主播灯，这样不仅可以让你的脸部光线均匀，没有"阴阳脸"，同时还可以加强你的眼神中的光彩，增加你的可信感。

（3）直播间的硬件准备

直播间里面会用到的一些硬件设备也是我们应该注意的小细节，我们可以准备一个用来收音的麦克风，这样可以让我们的声音效果更好，尤其是当我们的手机离人比较远的时候，很容易受到一些杂音的干扰。麦克风一般放在胸前或者别在衣领附近，离嘴巴不要太近，以免呼气的时候造成喷麦，影响用户的体验。

当我们没什么经验的时候，可以买一个监听耳机，一边讲一边听自己说的话，看看是否有比较明显的问题，如果麦克风没声音也可以及时发现。同时还可以再准备一部手机或者平板电脑，实时查看我们的直播效果，看看画面是否有卡顿，声音是否清晰。如果画面有卡顿，一般就是网络不好引起的，条件允许的话我们还可以给直播间单独配备一条网线，以确保网络顺畅。

（4）直播内容策划

在开播之前，要策划好直播的内容主题。有些人在直播的时候不知道该讲什么内容，容易冷场，就是内容主题不明确造成的，有了主题就可以写出直播框架，就可以在心里有明确的目标，知道讲到哪些主要的部分，然后再根据现场与粉丝的互动情况进行临场发挥讲细分的内容。

举个例子，一场直播为 1 个小时，在这期间我们需要种草六款产品，那就每款产品讲解 10 分钟。每个 10 分钟里分成四个单元，分别是开场、介绍、背书和成交。开场 2 分钟，主要通过和用户互动、询问或者讨论的方式，引出他们的痛点或者痒点；介绍 3 分钟，主要展示和介绍我们的产品，说明产品的特殊性、性价比等卖点；背书 3 分钟，通过自己的体验、其他用户的评价、销量、报道等内容凸显产品的受欢迎程度；成交 2 分钟，通过限时限量特价、团购优惠、前几名下单优惠、赠送福利等方式促进成交。

无论直播时长是多长，你都可以按照每 10 分钟讲四个单元的方式不断地进行讲解，当产品不多的时候，一样可以按照这个节奏循环讲解。有了这个固定的节奏，你才不会因为某些突发情况而乱了阵脚，不知道下句话该说什么。

你还要规划一个固定的直播时间，比如每晚 8 点直播，或者每周三晚 8 点直播都可以，自己设定一个时间，关键在于要把时间固定下来，这样可以培养用户的习惯，到了那个时间就期待你的直播。而且每次直播的时长尽量都保持在 1 小时以上，因为用户不一定会在第一时间看直播，而是会陆陆续续进来，所以我们的直播时间长一些，对于直播的数据会有比较大的帮助。

（5）做好直播预告

想要打造高人气的直播间，我们要做好直播的预告，给直播间带来前期的稳定人气。即使是头部主播在做直播之前都有专门的海报进行宣传，就连他们都需要去做好预告工作，更何况我们这些普通的创作者了。

那怎样做好预告呢？以下这几种方法可以单独用，也可以结合使用。

方法一：把名字改成直播预告，比如"黑马唐 5 月 20 日 20 点直播"。

方法二：在账号简介中加入直播预告。

方法三：从直播前三天开始，可以在视频的笔记结尾加上直播预告，比如"今天的分享就到这里啦！预告一下，5 月 20 日晚上 8 点，我们直播间不见不散！"。

方法四：在直播当天早上发布"通报型"笔记，直接告诉用户今天几点钟到直播间会有什么福利。

方法五：在直播前两小时发布"预热型"笔记，通知用户直播准备开始。

方法六：在每次直播的末尾，可以预告下一次直播的时间和相关信息。

方法七：如图 4-5 所示，点击小红书主页左上角的图标，进入"发

图 4-5

"瞬间"页面，在下方的选项中找到"拍摄"，在手机相册中选择一张图片导入。

点击左下角的"贴纸"，选择热门栏目中的"直播预告"，如图4-6所示。

点击预览图4-6上的贴纸，即可进行直播时间的设置以及广告语的编辑，如图4-7所示，设置完成之后点击右上角的"发布瞬间"即可。

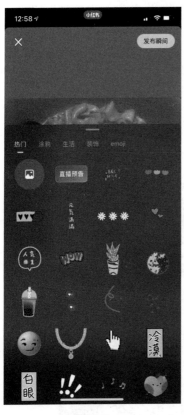

图 4-6

图 4-7

然后在我们的主页就会出现一个预告的小图标，用户点进去就能看到具体的直播预告信息了，如图4-8所示。

图 4-8

4. 如何通过有效互动提高直播间人气

提高直播间人气的关键在于维护好进入直播间的用户，只要他们在直播间停留的时间长，互动频率高，平台自然就会给到我们更多的直播间流量，从而带来越来越高的人气。那如何有效进行用户互动呢？

（1）表情动作丰富，营造氛围

你知道为什么舞台剧的演员表演出来的动作和表情都那么夸张吗？那是因为舞台很大的时候，环境会消散一部分情绪。同理，当我们只能隔着屏幕和用户进行互动的时候，这样虚拟和现实之间的距离也会产生情绪的消散，所以我们需要更加丰富的表情和动作来弥补这种情绪的消散，稍微夸张一些，让用户更容易能感受到，同时也可以更好地烘托直播间的氛围。

（2）设置专属称谓

我们和亲密的朋友之间会有一些专属称谓，这可以拉近彼此的距离，

225

同样我们在直播间里也可以去设置一些专属的称谓，可以是帮用户起的，也可以是替用户给自己起的。比如李佳琦在直播的时候，会叫自己是"你们的魔鬼"，比如"你们的魔鬼又来了"，这样略带调侃又很特别的称谓会让用户印象很深。

（3）标志性的口头禅

和专属称谓一样，一些标志性的口头禅也能让用户记得你，甚至快速帮你进行传播。说到经典口头禅，又怎么能少了李佳琦的"欧买噶！买它！"，这句几乎无人不知无人不晓的口头禅，让多少人认识并记住了这位"口红一哥"。

（4）多说谢谢多点名

用户被点名的时候会有很强的归属感和尊重感，所以如果我们的精力允许的话，尽可能欢迎每一位进到直播间的用户，比如"欢迎×××小可爱来到我的直播间"。同时当收获用户的夸奖或者打赏的时候，也要第一时间做出反应表达感谢，你对这些的重视，才能让其他人有想要去做的欲望。

（5）大方引导打赏

直播中打赏是一种越来越被用户接受的行为，当用户很喜欢你愿意留下来看你直播的时候，很可能都是愿意给你打赏的，只是有时候看得太入神忘了而已，所以我们可以大大方方地引导粉丝进行打赏，比如"直播间的朋友们，听完刚才的内容感觉有收获的，记得给我打赏哦，谢谢朋友们"。

（6）控制节奏不冷场

在策划直播时我们设置了直播的内容框架以及时间节点，尽量按照这些设置进行直播，这样可以保证整个节奏的流畅，不容易冷场。在平时可以多准备一下临时话题，一旦出现冷场的情况可以快速救场，避免让用户产生不好的体验。

（7）引导用户评论

很多人在直播的时候都是一个人在那里讲，这样会让用户缺少参与感，不能快速拉近你和用户之间的距离。我们可以多设置一些互动环节，比如"你们平时会喜欢用什么牌子的洗面奶"，或者"你们喜欢什么色号"之类的，甚至可以说"评论区打出'我要'，我看一下多少人想要"等，直接引导用户参与互动，尽可能引导用户刷关键词，而不仅仅是刷个 1 或者刷个 666。

（8）随时留意用户反馈

在直播的过程中，我们要实时关注用户的反馈，尤其是我们在种草某些产品的时候，他们可能会对产品有疑问，或者对价格有疑问，这个时候我们就要第一时间给他们做出解答，同时这些解答也可以让刚进直播间的用户对产品有所了解。

5. 如何快速登上直播人气榜

直播人气榜是小红书根据直播间的人气进行排名的一个主播榜单，分为人气小时榜和人气周榜，榜单开放时间为每天的 9 点到 24 点。人气小时榜每小时更新一次，人气值前三名的直播间就可以成为下一个时段的推荐直播间。而人气周榜是按照累积一周的人气值进行排名，每周一的零点会根据上周的人气值情况进行排名的更新，人气值排在前十名的直播间就能被推荐给更多的人看到，而且排在第一名的主播还会被小红书授予"模范主播"称号。

那如何找到直播人气榜呢？在直播间左上角，主播头像的下方，如图 4-9 所示，可以看到这个直播间的人气值是 16，人气榜第 20 名。那如何能积累人气值呢？小红书会根据直播间里用户的观看时长、互动评论以及送礼物等行为来计算人气值。

图 4-9

说到榜单，你应该会听过一个词叫"打榜"，指的是通过营销手段让产品在排行榜上获得领先优势。那么我们应该如何给直播间打榜呢？大部分的直播都是在晚上进行的，所以晚上的竞争非常激烈，很难打榜成功，这个时候我们就可以利用白天的时间进行错峰打榜，这样上榜的概率就会更大。同时，我们还可以参加每周的打榜活动，每次活动都有不同的奖励，多关注小红书的直播活动就可以了。

第四节
如何玩转官方专题活动

现在是流量时代，如果你能获得流量，自然就可以选择通过流量进行变现，我们前面提到的品牌合作笔记就是流量变现的一种方式，通过我们账号以往的运营数据作为背书，让品牌方愿意在我们身上花钱。可能有些人会觉得品牌合作太难了，而且就像是打工一样，面对品牌方会有压力，但是又不希望账号本身的流量白白浪费了，怎么办呢？

其实，我们还可以利用账号的流量去参加各种官方活动。小红书会经常不定时发布一些官方活动，只需要根据主题发布相关的视频，就有机会获得流量、奖品甚至是现金奖励。

1. 怎样找到官方专题活动

官方专题活动主要发布在小红书的"笔记灵感"中，笔记灵感有两个入口：一个是点击个人账号主页左上角的三条横线，进入创作中心，就可以找到笔记灵感；一个是在搜索框中直接输入"笔记灵感"，在结果中选择"去创作"，就能进入笔记灵感的页面了。

在笔记灵感的页面中有三个选项，分别是热门活动、本周热点和经典话题，我们要找的官方专题活动就在热门活动里。选择热门活动，就可以看到活动的列表，如图4-10所示，可以看到有童年倒带企划、两天一夜旅行计划、人类幼崽多可爱等专题活动，活动封面右上角显示"进行中"就是可以参加的活动，参与后如果被选上，就能获得相应的奖励；如果显示的是"已结束"，那么意味着活动截止了，虽然还可以继续参与活动，但不会有评选，也没有奖励。

2. 如何参与官方专题活动

以"燃烧吧游戏魂"这个活动为例，我们点击海报，就可以进入活动的详情页，如图4-11所示，我们清楚地看到活动时间为4月27日到5月16日，活动的奖励是根据点赞、收藏、分享、评论、弹幕等数据进行综合计算，第一名可以获得500元奖金，第二名到第五名的奖金为200

元，第六名到第二十名的奖金为 100 元，此外优秀的作品还能获得额外的流量曝光机会，优秀的新人作者有机会加入小红书的游戏作者社群。

图 4-10

图 4-11

活动参与要求：不限定任何游戏，关键在于展示随时随地都可以赶游戏进度的游戏魂，结合近期玩游戏的环境，带上 # 宅家游戏、# 旅途游戏、# 聚会游戏三个话题中的一个即可。想要参与活动，只需要制作出符合要求的视频，带上话题就可以点击"分享我的游戏魂"按钮进行笔记的发布。

然后我们就可以利用账号本身的流量以及粉丝的活跃度，获得更高的互动数据，从而冲击奖金。

3. 官方活动的奖励标准有哪些

除了遵守活动的规则以外，想要获得奖励，还要注意以下三个方面：

第一，内容优质。笔记是原创的内容，而且是第一次在小红书上进行发布；要传递有意义的信息，给读者带来正向的阅读体验；笔记内容和所参与的活动有很强的关联度，且主题意思表达完整；笔记富有美感，没有马赛克、黑边、水印、二维码等影响观看体验的元素。

第二，真诚分享。真实地分享你的生活，用自己身上或身边发生的事情去参与活动，传递正能量的价值观，没有推广、营销以及其他平台的导流行为。

第三，特色突出。除了完成活动的要求以外，如果内容具有鲜明的个人特色，比如真人出镜、表达有深度有内涵的观点或者进行创意十足的展示，都能给笔记加分。

参与这些官方活动很有趣味性，还能获得流量或者奖金，相比于品牌合作笔记来说，是比较轻松的一种流量变现方式。

后　记

如何通过小红书找到更多的机会

多一项获取流量的技能，就多一些变现的机会。除了我们在第四章中提到的四种变现方式以外，当我们的账号越做越大的时候，当粉丝对我们的需求不止于看笔记的时候，当其他人看到我们的运营能力的时候，当品牌方看到我们的影响力之后，在我们会有更多变现的机会。

比如你有了很多的粉丝，生活中开始有很多人认识你，一些机构会邀请你去出席一些线下活动。

比如粉丝也想像你一样，做出好的账号，想通过你学习到很多东西，那么你就可以打造线上或者线下课程，提供知识服务。

比如你很想把你积累的知识传播给更多需要的人，你可以选择走上讲台，成为一名小红书运营培训讲师。

比如有些人或者企业也想做出优质的小红书号，但有心无力，这个时候你也可以提供代运营服务，帮助他们来运营账号。

机会对于每个人来说都是平等的，区别在于，谁有能力刚好能抓住。而现在，有一个创造很多可能的机会出现在你面前，你打算让它溜掉吗？期待你通过这本书，能够运营出让自己满意的小红书号。

黑马唐